アボリジニであること

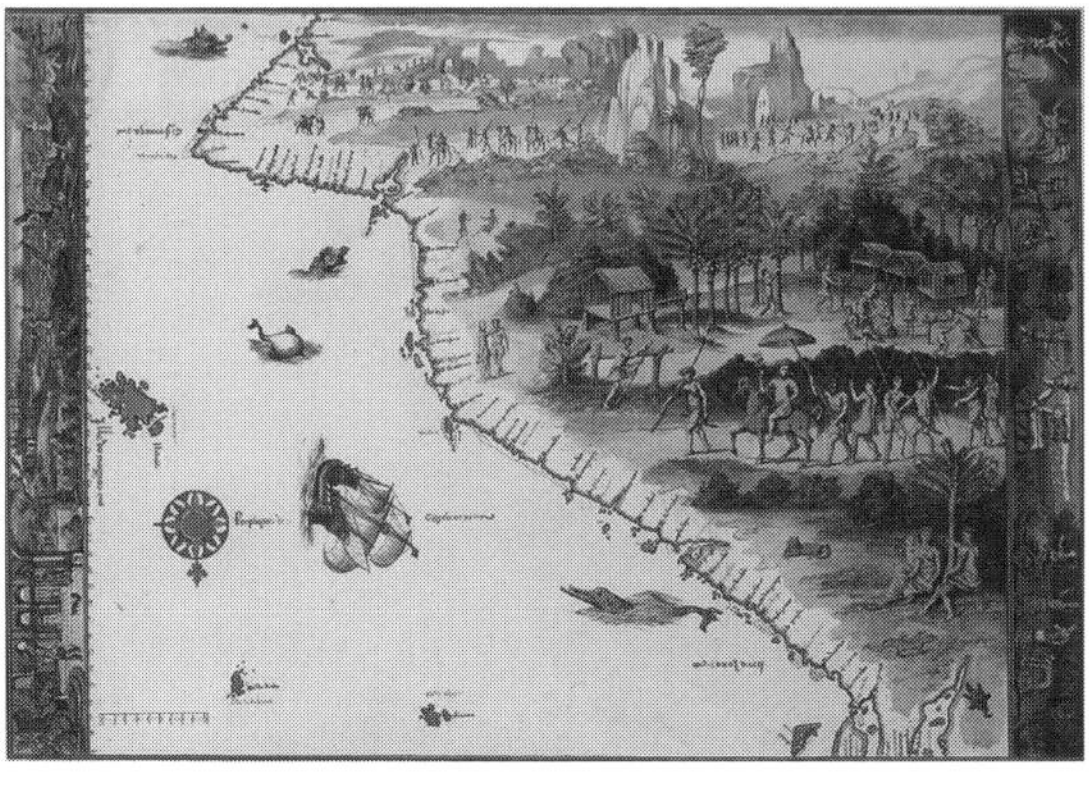

オーストラリアの古地図。先住民族が描かれている

はじめに　ほんとうのオーストラリア人とは？

二〇世紀の終わり、西暦二〇〇〇年に開催されたシドニー・オリンピック*を、筆者はオーストラリアでテレビ観戦していた。当時は交換教授として、ブリスベンのクイーンズランド工科大学大学院に勤務中であった。

現地の先住民族を研究対象とする筆者にとり、そのオリンピックでのある光景が、けっして忘れられないものとなっている。

女子の陸上四〇〇メートルで金メダルをとったキャシー・フリーマン**というオーストラリア人女性が、ウイニング・ランで、二つの旗をかざし、肩にまといながら、トラックを一周したのである。

彼女はこの国を代表するアスリートであり、開会式で聖火をともす最終ランナーにも選ばれていた。

フリーマンが掲げた二つの旗の一つは、もちろんオーストラリア国旗。紺色の地に南十字星などの図柄をあしらい、左上には英連邦の象徴・ユニオンジャックが配置されている。

もう一つの旗は、赤・黄・黒の三色で描かれていた。なんの図柄だろうか。大地と空の真ん中に、金色の太陽？　それが、「アボリジニの旗」であることは、この国に住む多くの人が知っていた。

*シドニー・オリンピック　二〇〇〇年九月一五日～一〇月一日。南半球での開催は四四年ぶり。日本選手では、女子柔道の田村亮子、女子マラソンの高橋尚子などが金メダルを獲得。
なおシドニーは、オーストラリア最大の人口（四七〇万人）を誇る国際金融都市。首都のキャンベラより規模が大きい。
ブリスベンはクイーンズランド州の州都で、シドニー、メルボルンに次ぐ第三の都市。

**キャシー・フリーマン　Cathy Freeman　一九七三年、クイーンズランド州のタウンズビル生まれ。メルボルン大学卒のアスリート。

女子四〇〇メートルの金メダリストは、自分の祖母が先住民のアボリジニ[*]だったのである。しかし彼女が旗を二つ掲げた理由は、本人がアボリジニの系統であったことだけではない。なぜ彼女は、この旗とともに走ったのだろうか。

あとあと論争を呼んだその行為には、オーストラリアにおけるアボリジニの歴史、地位、現状などのさまざまな問題がはらんでいたと考えられる。

アボリジニの旗は何を意味するのか

問題の旗は、上半分が黒、下半分が赤、そしてその真ん中に黄色の丸が描かれている（本書カバー参照）。

図柄については、黄色の丸は、生命を与えてくれた存在であり、擁護者である太陽をあらわす。また黒は、先住民アボリジニを、そして赤は、赤土の大地と儀式で使用する赤色顔料のベンガラ、さらに土地との精神的なつながりをあらわしている。

メルボルン[**]などの大都会を歩いていると、英語のほかに、じつにさまざまな言葉が聞こえてくる。ギリシャ語、ドイツ語、中国語……。そうした多種

*アボリジニ
Aborigine

**メルボルン
オーストラリア第二の都市で、ビクトリア州の州都。都市圏全体の人口は、四〇〇万人以上。

多様な人種のなかに、黒色または褐色系の肌で、明らかに南アジア的な風貌をもつ人々がたくさん交じっていることに気づく。その多くが、先住民アボリジニの血統である。

何世代にもわたる混血の結果、彼らの肌の色や、顔つき体つきなどの外見もさまざまに変化しているが、人種的にはパプア人（ニューギニア）、ベッダ人（セイロン）、ドラヴィダ人（南インド）、メラネシア人と同類の、オーストラロイド*に属している。

なおオーストラリアの先住民には、のちに触れる「トレス海峡諸島民」というべつの民族もあることを、まず明記しておきたい。

さきの旗の話でいえば、トレス海峡諸島民の旗**は、緑、黒、青、白の四色が用いられる。緑はオーストラリア大陸とパプア・ニューギニアの二つの大地、黒は先住民、青は海、そして白は平和をあらわしている。

ところで、「アボリジニ」（アボリジニー）という言葉には差別的なニュアンスがあるとされ、現在では「アボリジナル***」と表記されることも多い。しかし本書では、日本でのなじみの良さもあり、これまでの「アボリジニ」の呼び方を使わせていただくことにしよう。

なお彼らの多様性から、アボリジニという言葉を使用することじたいが不自然、と考える立場もある。

*オーストラロイド
　コーカソイド（白人系）、ネグロイド（アフリカ系）、モンゴロイド（アジア系）と並ぶ、四大人種のひとつといわれる。

**トレス海峡諸島民の旗
　本書カバー折り返し部分参照。

***アボリジナル
　Aboriginal ラテン語で「オーストラリアにもともと住んでいた人」の意。

一三〇年で人口が四分の一に減った民族

アボリジニの歴史は、壮絶なものであった。イギリスなどからヨーロッパ人（白人）がやってきたのは、今から約二〇〇年前のことである。

そのころまで、現在の定説によれば約二五万～三〇万人のアボリジニが（オーストラリア先住民研究所によると、かつてのアボリジニ人口は一〇〇万人という見方もあるようだが、とりあえずは定説にしたがう）、大小約五〇〇ものグループに分かれ、言葉もそれぞれ違い、おもに狩猟・採取生活のかたちで暮らしていた。

ヨーロッパ人の渡来後、つまり一八世紀の後半以来、白人によるスポーツハンティング（アボリジニを「狩る」こと！）、女性略奪を目的とした男性アボリジニ殺戮、白人が持ち込んだ性病（梅毒）、麻疹、天然痘、インフルエンザなどの伝染病の蔓延などが原因で、オーストラリア連邦発足時*の一九〇一年には、六万六九五〇人にまで減少した。

それより前の一八二八年にも、開拓地に入り込むアボリジニを、イギリス兵が自由に「捕獲・殺害」できる権利を与える法律が制定されており、これもまた大量殺戮を生む要因となった。

ディジュリドウ（民族管楽器）にペインティングする、アボリジニの男性。路上販売中（アデレード）

*オーストラリア連邦発足
一八二八年、全土がイギリスの植民地となった。一九〇一年一月一日、六つの植民地がオーストラリア連邦を結成、事実上イギリスから独立した。

つまり五、六万年前からこの大陸に住むといわれているアボリジニ人口が、たった一三三年間で四分の一にまで減少したことになる。さらに一八七六年には、「根絶やし（extermination）政策」により、タスマニアのアボリジニが全滅している。

いっぽうでは同じころ、根絶やし政策だけでなく、保護の動きも始まり、アボリジニを殺した囚人七人が死刑になったという報告もなされているが、その後も虐殺は控えながら、毒殺などによってそれまでどおり殺戮は続けられた。★

★巻末参考文献　大橋　一九九〇

その後、さまざまに多難な紆余曲折を経たのち、一九七〇年代には、先住民自身による自主決定政策が採用された。

一九七五年の連邦政府による人種差別法制定（差別撤廃をうながすもの）に続き、一九七六年には、アボリジニ土地所有権法が北部準州*で制定され、聖地エアーズロック（アボリジニ名：ウルル）などの永代所有権が先住民に返還された。

そして、ついに二〇〇八年には、当時のケビン・ラッド**首相が、強制隔離された「盗まれた子どもたち」（第二章ほか参照）と呼ばれる人々に、政府代表として初めて公式謝罪をした。

その後も差別撤廃の動きは続くが、劣悪な保健衛生状態、教育程度の低さ、高い失業率、非アボリジニの国民にくらべて約一〇歳も短い平均寿命など、

*北部準州
　ノーザンテリトリー　Northern Territory　16ページの注と地図参照

**ケビン・ラッド
　Kevin Michael Rudd　一九五七年生まれ。第二六代オーストラリア連邦首相（後出）。

さまざまな面でいまだに不利をこうむっている。

ようやく認められつつある「ほんとうのオーストラリア人」に対して、オーストラリア政府と国民がどのような関係を構築していくのか、世界が注目しているところである。

「多文化主義には懐疑的？」

筆者がアボリジニの言語・文化政策に興味を持ったきっかけは、一九九四年にまでさかのぼる。その年、オーストラリア政府文化財団の援助で（豪日交流基金・一般研究奨励金）、言語政策の現地調査を行ったのである。

南オーストラリア州、北部準州の教育省やアボリジニのための大学、教育機関を訪問したとき、筆者が聞いた言葉でいちばん印象に残っているのが、「アボリジニは、多文化主義には懐疑的である」というものであった。アボリジニへの言語・文化政策をも含めて、オーストラリアの多文化主義*だと理解していた筆者にとっては、まさに信じがたい言葉であった。

しかし、聞き取り調査を進めていくうちに、徐々にその理由が理解できるようになっていった。

南オーストラリア州での調査のために、現地とのコンタクト等に全面的に

＊オーストラリアの多文化主義
多文化主義とは、異なる民族・文化・宗教を認めて尊重しあい、社会を形づくろうとする考え方。オーストラリアではこの思想が各階層や行政、地域などに浸透しているとされる。

協力してくれたのが、学生時代からの友人のオーストラリア人だった。

彼はネパールのカトマンズで山岳ガイドをしていた当時、中国の侵攻後、ネパールへ亡命したチベット人家族の娘さんと知り合い、日本へ駆け落ちした（そのように勧めたのは筆者なのであるが）。英語教師をしながら、数年ほど日本に滞在したのち、オーストラリアで結婚、南オーストラリア州の警察官となった人物である。

＊アボリジニと警察官といえば、まったく両極端の立場にある。だがこのことが、筆者の調査にも非常に役立つこととなった。彼の仲介で、筆者はアボリジニのための教育機関の講師（アボリジニ）に会うことができた。警察官がそのような教育機関に入ることは、普通は禁止されている。だが彼は、そのアボリジニ教師のインタビュー録音にも同席してくれた。講師は、アボリジニのアルコール依存症、失業、家庭内暴力がなぜなくならないのか、そしてどのように偏見・差別と闘ったかという彼自身の経験談を話してくれた。

このアボリジニ講師から聞いた話は、どれも感動するものばかりであったが、ここで一つだけ紹介しておこう。

彼の娘が白人のクラスメートを自宅に招待したとき、約束の時間になっても、一人もあらわれなかった。理由を聞くと、親からアボリジニの家庭には近づかないように言われた、ということであった。講師はこれを聞き、白人の親たちに連絡をして次のように説明したという。

＊アボリジニと警察官
二〇〇四年二月、シドニー中心部で警察とアボリジニとの暴力的な衝突が起こった。背景には、アボリジニに対する従来からの過剰な取り締まりがあった。

歩いた距離を示す教師手製の計算機で、算数の授業

「自分は白人親方のもとで大工の徒弟となり、アボリジニは信用できないという周囲の偏見に負けず一人前となり、その後、技術職業専門教育学校（TAFE）*の講師になった。娘には白人社会でも生きていけるようにきちんとしつけ、教育の大切さも教えてきた、もしも娘に問題があるのなら教えてほしい、自分たちの子どもに偏見を植え付けるのだけはしないでほしい」

多くの親が、彼の冷静で賢明な行動に賛同してくれたそうである。

ここで友人の白人警察官の話に戻る。

在職中の彼は、アデレード**で日本人女性が殺害された事件の捜査にも刑事としてかかわっていた。アボリジニと白人との間に生まれた子ども、いわゆるハーフカースト（一一ページ参照）についての筆者の聞き取り調査実施のきっかけの一つとなったのも、彼であった。留置所でアボリジニの自殺者（ハーフカーストが多い）が増えているが、そのことについて警察官の彼の話を聞いたのが調査の発端であった。

警察内では、やはりアボリジニへの偏見が強く、同僚のそのような偏見に根差した話には加わらずに、席を外していたという。また、彼が三〇歳を過ぎてから警察学校に入り、一〇代、二〇代の先輩の靴磨きといったことを我慢してできたのも、チベット人の奥さんがアジア人ということで不条理な目にあったとき、警察官という職業に就いていたほうが助けられることも多いのではと思ったから、と筆者に打ち明けてくれた。問題を起こしたアボリジ

＊TAFE
Technical and Further Education

＊＊アデレード Adelaide
南オーストラリア州の州都。アデレードの地域はほかの諸都市とはちがい、自由移民のための植民地として建設された。文化・芸術都市。

ニに対しても、冷静に対応していたのが、彼らからの信頼を得られた理由でもあろう。

　ちなみに、彼の長女はオーストラリアの人気テレビドラマ『ネイバーズ』に二年間出演したあと、ロサンジェルスに渡り、アメリカの人気テレビシリーズ『ドールハウス』にもレギュラー出演し、現在もなおオーストラリア出身女優の一人として活躍を続けている、＊ディーチェン・ラックマンである。

同化政策とハーフカースト

　あらためて、アボリジニに対する偏見や差別の根強さについて述べると、その大きな原因のひとつとして、政府が歴史的に行ってきた政策をあげなければならない。

　オーストラリア連邦が発足した一九〇一年以降、「アボリジニの保護」という建前上の目的のため、彼らは居住地を追われ、強制移住させられることになった。じっさいは、配給所で年に数回、毛布、小麦粉、砂糖などが配られる程度のものであったが。

　一九一〇年ごろから一九七〇年ごろまでは、「同化政策」が続いた。この言葉は、世界中で使われる、為政者による先住民を吸収するための「便利な」

＊ディーチェン・ラックマン
Dichen Lachman　一九八二年、カトマンズ生まれ。
高校時代の写真。なんとかわいらしい！（筆者撮影）

用語である。アメリカ、カナダ、日本などでも、同様な目的で使用されることが多かった。

ハーフカーストとは、アボリジニの女性と白人の間に生まれた子どものことである。その子どもを、母親から強制的に引き離し、教会が管理する施設に入れたり、白人家庭に里子に出して、白人社会に「同化」させる政策であったが、現実的には、メイドや牧場の下働きといった労働力として利用することを目的としたものだった。

オーストラリアの「人権と機会均等委員会」*によると、先住民の子どものおよそ三分の一から一〇分の一と推測される子どもたちが、警察によって連れ去られたという。

また一九九四年の調査では、アボリジニ、トレス海峡諸島民の二五歳以上の、じつに一〇%の人が、子ども時代に強制隔離の経験があり、現在もアイデンティティの喪失、施設で与えられた肉体的・性的虐待などのトラウマに悩むものも少なくないと言われている。

最後に、同じくオーストラリアの先住民である「トレス海峡諸島民」について も、ここでかんたんにふれておくことにしよう。

トレス諸島とは、オーストラリア本土とパプア・ニューギニア**を隔てている、約一五〇、一六〇キロに及ぶ海峡である。八〇〇〇年前までは、陸橋が

*人権と機会均等委員会
Human Rights and Equal Opportunity Commission（1997）

**パプア・ニューギニア
正式には、パプア・ニューギニア独立国。トレス海峡を挟み、オーストラリアの北に位置する。ニューギニア島の東半分と、島々からなる立憲君主制国家。

ヨーク岬とパプア・ニューギニアをつなぎ、人々は自由に移動することができた。しかし、徐々にアラフラ海とオーストラリア北東部の珊瑚海の海面が上昇して、陸地のほとんどが水没していった。

現在残っているのは、散在する島々と、珊瑚礁、海中に隠れた岩、そして、たえず形を変える砂州である。トレス海峡は、多くの国の船が行きかうきわめて重要な交易ルートで、安全な航海のために、かつてはすべての船に航路を知りつくした水先案内人が乗船していた。

この地域の人々は、トレス海峡諸島民と呼ばれ、本土のアボリジニとは異なるメラネシア人である。パプア・ニューギニア、近隣の太平洋諸島民に近い人種であり、文化や言語もまた異なっているが、そのことについては、本文第４章で説明したい。

魚の宝庫であるトレス海峡でとれたスギ（Cobia）

目次

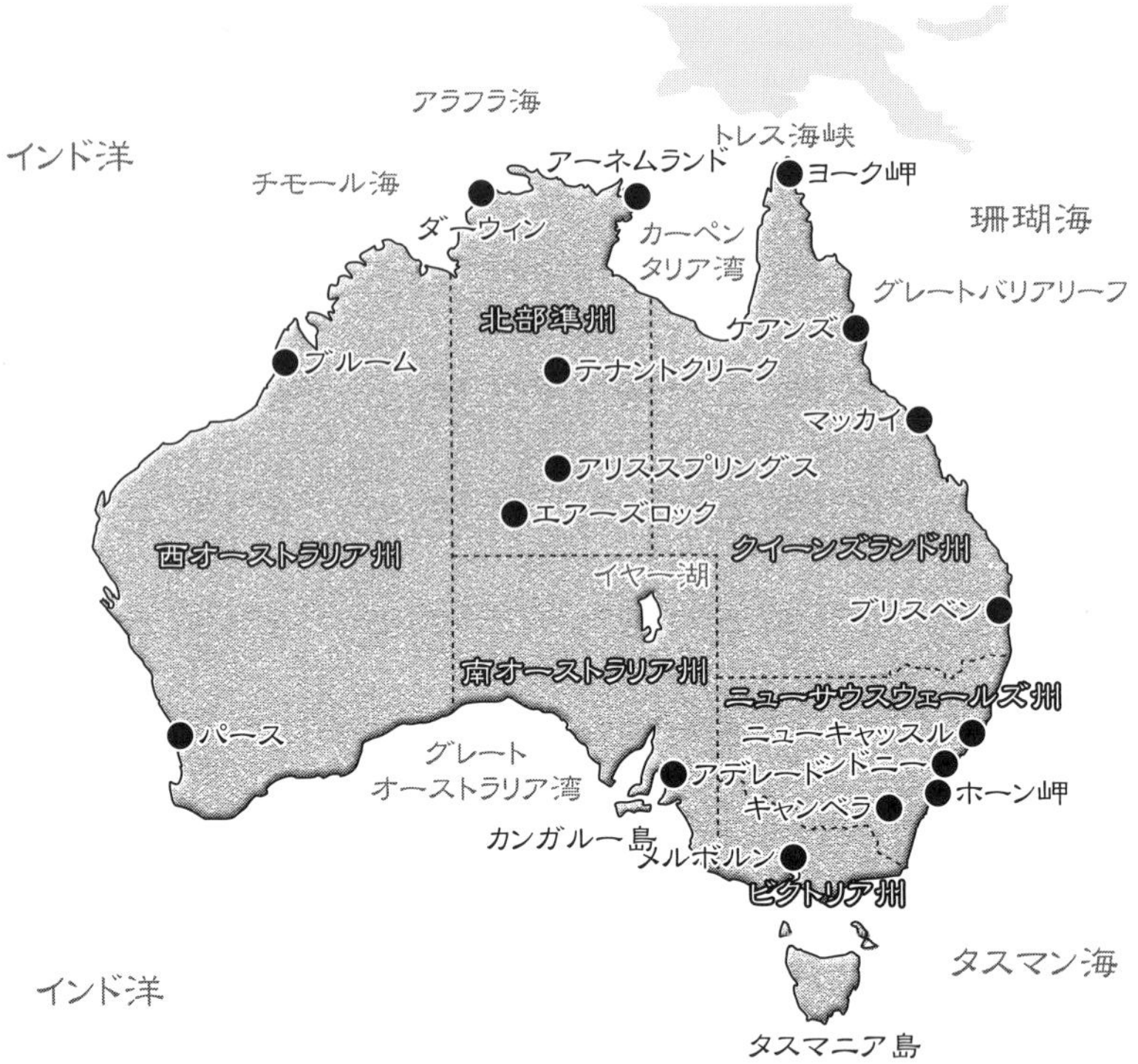

【注】州と準州について

オーストラリアは、正式にはオーストラリア連邦と呼ばれる。首都キャンベラがある首都特別地域（ＡＣＴ）と六つの州、一つの準州（北部準州）で構成されている。各州は自治権をもち、それぞれの行政機関がおかれている。準州は、州よりは自治権は弱いが、やはりかなりの自治を認められている。北部準州は、アボリジニがもっともたくさん住む地域でもある。

第1章　「自律」「恥じらい」「共有」の人々

1　アボリジニ文化が大切にする「自律」について

アボリジニには、きわめて独特の文化がある。

およそ六〇年も続いた「同化政策」により、先住民アボリジニは、ほんらいの狩猟採集生活からオーストラリアの教育、社会制度に組み入れられ、適応せざるをえなくなった。とくに教育機関*（コミュニティ・スクール）では、そのことによるさまざまな摩擦が生じていく。

原因として、次のような指摘がなされている。つまり、アボリジニ社会・文化の根幹となる三つの概念、「自律」「恥じらい」「共有」に関する問題、である。

まず、一つめの「自律」の概念。アボリジニが、自身のこの文化的価値を主張するため、西洋的教育が考えているあたりまえの概念をことごとく拒否する場合も起こりうるのだ。

学校が想定する学習手順は、このアボリジニの「自律」の概念によってひっくり返される。子どもは、一〇代の若者だけでなく小学校低学年の子どもでさえも、いつ学校へ行くのか、また行くのかどうかさえも自分で決め、いくつかの例外を除いて、親はこの選択を支持する。学校に行かないアボリジニ

＊教育機関
オーストラリアの初等・中等学校数は、約九四〇〇校、そのうち公立校が約六五%、私立校が約三五%で、私立校のほとんどは宗教系学校。また、総生徒数約三七五万人中、約六五%が公立学校、約三五%が私立校に入学。州によって異なるが、基本的に六歳～一五歳までを義務教育とする。一～六年生が小学校、七年生～九年生が中学校（ジュニア・セカンダリー）、一〇～一二年生が高校（シニア・セカンダリー）。そのあと、大学やＴＡＦＥへの進学、または就職。(Australian Curriculum, Assessment and Reporting Authority: ACARA, 2015)

の子どもも出てくるわけである。

　西洋式教育からすると、このようなふるまいは不条理きわまりない。このため、学校と生徒間に対立が生じ、親、学校関係者が参加する会議で、種々の説明が行われる。

　その結果、対立が解決したかのように見えると、アボリジニではない教師がその子どもにクラスに戻るように諭すが、すぐにアボリジニ教師が近寄って、本当に戻りたいのかどうかをその子どもに聞く。

　原則的には、学校と教師は生徒に出席を要求し、生徒の行動を制限する権威をもつが、実質的にはこの権威は、幻想的で非現実的であるといえる。アボリジニの親はとうぜん、教育の価値は知っているが、授業参加の決定は子どもに任せているため、アボリジニ社会では自律が中心的価値であることを認めている教師でさえ、参加しない生徒を「落ちこぼれ」と評価してしまうことが起こってしまう。

２「恥じらい」は、複雑な「はにかみ」でもある

　二つめの「恥じらい」は、当惑、はにかみ、尊敬などがいっしょになった、複雑な「はにかみ」の概念である。

多くのアボリジニの子どもも大人も、白人に囲まれると、はにかみ、内気になり、学校を異質で不愉快な場所と感じる。不慣れな時間割構成、場所、そして見知らぬ人（白人、他の言語グループのアボリジニ）などに遭遇する学校へ行くことは、子どもにとっては重大決心のいることである。

子どもは見つめられるのが嫌で、学校は自分にとって場違いの場所であり、アボリジニ以外の者が多すぎ、また、他の言語グループの者からいじめられたりする、と告白する。またそれ以外にも、血族関係、親戚関係にある男子と女子の言葉のやり取りが禁じられることなどが、教師と生徒間に問題を引き起こしている。

たとえば、親族関係にあたる異性の生徒同士を同じクラスにすることはできない。だから、クラス数に限りがある学校内で、学年が同じであっても他のクラスを編成しなければならないことになる。

このような文化・社会的背景を考慮しながら、生徒の学習を促進させるのは、非アボリジニ教師にとってたいへんな苦労となる。いっぽうアボリジニの子どもたちも、たんに知識の獲得だけでなく、異なる文化に立ち向かわなければならないことを意味している。

3　「共有」＝学校という資源獲得の場！

三つめの「共有」は、狩猟・採集*の経済・社会関係にとっては基礎的な概念であり、学校の内外で大きな影響力をもっている。

まず、アボリジニの教師や、学校スタッフ、委員会メンバー、子どもたちまでもが、親族関係という規制を受けている。そのうえで、学校は、「多種にわたる資源が入手できる場所」とみなされ、結果としては、食料、現金、避難場所、車などは、共有され分配されるべきコミュニティの資源と理解される。

このことが多くの衝突を生み、おたがいの要求がぶつかり、アボリジニ側はみずからの流儀を主張して、西洋式方法を拒否するのである。

こうした決裂、その後に起こる失望感、崩壊は、非アボリジニ側の観点からすると「失敗」と見られるが、アボリジニ側からすれば、ビジネスであると考えられている。要するに、食料であろうが現金であろうが、それらが手元にあるとき、またたく間に分配されて消費されてしまうのである。

伝統的に明日のことを考える習慣はなく、貯蓄の概念もない。その結果、失望や誤解が、学校のスタッフだけでなく、より広範囲なアボリジニ・コミュニティ間にも生じる。

＊狩猟・採集
現在でも一部のアボリジニは、特定の居住区などで野生動物の狩猟、植物の採集などを行っている。二四ページ、アーネムランドのエピソードを参照。

こんな大イノシシも獲れる

子どもはつねに空腹状態にあるので、学校の食堂からの食べ物、教室で分配される食べ物は、子どもを学校に引き付け、子どもが適切な食生活を送ることにも貢献している。

学習意欲ではなく、食べ物で子どもを学校に引き付けている事実を、不愉快に思うスタッフもいれば、なんであれ子どもを授業に参加させることができるなら、それは成功だとする現実的なスタッフもいる。限られた就職の機会、恩給、失業保険からの収入はあるものの、ほとんどのアボリジニは貧しく、このことが学習意欲の促進や、教育に対する親の関与への障害となっているのも現状なのである。★

★巻末参考文献　濱嶋　二〇〇二

4　入ったお金は、その日のうちにあげてしまう

このアボリジニ社会のテーマに関して、ある通訳コース（三三ページ参照）に在籍する七〇歳代の二人のおばあさん（社会人学生）と、ランチボックス持参で、デビルストーンと呼ばれる奇岩を見に出かけたときのことだ。そのうちの一人から、電話代を貸してほしいと頼まれた。

筆者は、アボリジニ学生のための奨学金（ABSTUDY）として、彼らに二週間ごとに支給される約三〇〇ドル*が入ったところだったのを聞いていたので、

*オーストラリア・ドル。
現在、一ドル=約八八円

そのお金の行方をたずねると、「孫や親族にその日のうちにあげてしまった」というのが答えであった。お金は一銭もなく、冷蔵庫の中まで空っぽだとのこと。

仕方なく電話代をお貸しして、もう一人のおばあさんにも聞いてみると、彼女も同じような目にあっているようだった。筆者は、そのおばあさんの奨学金を毎回あてにする孫とはどのような者か、顔を見てやろうと思って、いっしょに彼女の家に行ってみた。

まず驚いたのは、戸外に運び出されたベッドの上に寝っ転がって、宿題をしている孫たちの姿であった。州政府の援助で建設された住宅が、彼らには供給されている。しかし、狩猟採集民族であった彼らにとって、家の中での生活は窮屈に感じられ、じっさい閉所恐怖症に悩む人も少なくない、ともいわれている。それで、冬を除き戸外で寝ることも多く、そのことが原因で眼病のトラコーマにかかる者も多いそうである。

そのお孫さんたちは、最初は無関心を装っていたものの、筆者とおばあさんが親しく話しているのを見て、飼っているワラビー*の子どもやインコを、自慢げに筆者に見せながら、いろいろと話しかけてきた。そのあと、おばあさんが孫たちの宿題の手伝いをしてやったり、物語を話してやったりと、日本の家庭とほとんど変わらない光景を目にするのであるが、彼らの会話は、その地方での伝統言語、ワルピリ（*Warlpiri*）語でなされていた。

*ワラビー
カンガルー科に属する動物で、カンガルーなどより小さな種。

一九九九年、北部準州の北の岬、アーネムランド*内北部の、マニングリーダ（*Maningrida*）を訪問したときのこと。たまたま親しくなったその地方で、劣勢な言語を話すためいじめにあっていた子どもが、お父さんはバラマンディ**捕りが得意だと自慢げに言う。そこで、釣りが大好きな筆者も、ぜひ連れて行ってほしいと頼んだ。お父さんはその学校の用務員をしている方で、学校に四輪駆動車がある日ならいつでもいいという。

さっそくその日がやってきて、車で長時間でこぼこ道を揺られ、やっとワニもあらわれる入り江にたどり着いた。信じられないことに、そのお父さんが投げた最初の網の中に、大型のバラマンディが入っていて、いっしょに行った奥さんや子どももびっくりして大歓声をあげていた。

だがその日、学校に戻ってみると……、待っていたのは怒りを通り越して、またかというような教頭先生の表情であった。筆者たちが車を無断借用したために、教頭先生のその日のスケジュールがすべて狂ってしまったのである。筆者は平謝りの体であったが、アボリジニのお父さんはまるで他人ごとのようだ。

彼らにとって、学校の車も共有－分配の法則の例外ではなく、聞くところによると、過去にもこの種の事件は何回もあったとのことである。

しかし、その教頭先生の口から非難の言葉はなく、微笑みを浮かべて「と

*アーネムランド
Arnhem Land　オランダ船アーネムによる「発見」に由来。

**バラマンディ
スズキ科の美味な大型淡水魚。

一回目の投網で獲れたバラマンディ

ころで、私たちの分は？」と聞かれただけであった。それに対してお父さんは、笑顔を浮かべて収穫物をかつぎ、無言でさっさと村へ帰ってしまった。家まで来て大家族と一緒に食事をしてもいいけど、その気持ちはさらさらないでしょう、とでも言いたかったのかもしれない。★

★巻末参考文献　濱嶋　二〇一三④

5　彼らから「スキン・ネーム」をもらうと起こる出来事

アボリジニ社会では、「共有ー分配」の概念と、「スキン・ネーム（Skin Names）」にもとづく親族関係が、社会の秩序の中心をなしている。アボリジニの親族関係は複雑で、その機能、構造の解明は人類学の課題ともいわれているが、ここではワルピリ語族の例をあげる。★★

★★Yallop Colin 他編 *Language and Culture in Aboriginal Australia* による

本来、スキン・ネームは、近親婚を避けるための仕組みであり、それによって結婚の相手、共有-分配の義務、権利などの多くの制約が生まれる。

彼らは各個人の名前以外に、各集団ごとに異なる、男女八種類ずつ、計一六種類のスキン・ネームをもつ。まず、子どものスキン・ネーム（以下、名前という）は、その父母の名前によって決まる。男性ジャパリャリは、女性ナカマラとしか結婚できない。生まれた男子はジュンガラィで、その結婚相手はナンガラ、同じく生まれた女子はヌンガラィで、結婚相手はジャンガラと決まっている。ジャパリャリの姉妹はナパリャリで、彼女は彼女の兄弟の妻の兄弟ジャカマラと結婚し、その男子はジュプルラ、その結婚相手はナパナンガ、女子はナプルラ、その結婚相手はジャパナンガとなる。

まだ四つ残っているが、じっさいの親族関係は名前が循環し、複雑さをさらに増していく。この血縁関係がない親族関係にも、共有‐分配の権利、あるいは義務が適用されるため、面倒をみたりみられたりの関係が、多岐にわたって存在することになる。

アボリジニ社会では、子どものころからこの複雑な関係を、日常生活の中で徹底的に教え込まれる。そのため、他のコミュニティのアボリジニに接する場合、まずスキン・ネームを確認しないと、相手にどう対応してよいのかわからずにとまどってしまう事態を招く★。

以下、このスキン・ネームに関して、筆者が経験した事実を二つ紹介する。まず、アボリジニ教師養成大学のインド人博士に同行し、北部準州、テナントクリーク＊の分校を訪問していたある夜のことであった。

レストランでスパゲッティを注文、ひとくち口にしたとき、とつぜん二人のアボリジニ中年女性が入ってきた。そして筆者の横に座るやいなや、筆者のスパゲッティを食べ始めたのである。

驚いた筆者が、そのインド人博士のほうを向いても、ただにこにこ見ているだけで、注意もしてくれない。当惑した筆者があとで彼に理由を聞くと、「先

★巻末参考文献　濱嶋　二〇一三③

＊テナントクリーク　Tenant creek　北部準州の中央部にある町。州都ダーウィンから一〇〇〇キロほど南、人口約三〇〇〇人。

日、君はアボリジニの一人から、スキン・ネームをもらっただろう。彼女たちは君の遠い親戚にあたるんだよ」ということであった。

そういえば、町で会った男性から、「お前は日本から来たからジャパナンガという名前にしろ」とスキン・ネームをもらったとたん、翌日、街角で会った知らない男性から、「親戚だから金をくれ」と言われたことを思い出した。そのときはとっさに、狩猟民族は持っている者同士、共有するのが習慣ということを思い出して、「一銭もない」と言って見逃してもらった。

もう一つ。自身のスキン・ネームに関してではないが、以前訪問した沿岸地方の学校では、筆者は同じ部屋で仕事をしている親戚の関係にあるアボリジニ教員（男女）の間に入り、おたがい目を合わせはしても言葉を交わしてはいけない二人の間で、伝達係のようなことを経験したこともある。★

6　神話による「アボリジニ式教育」と「ドリームタイム」

こうした複雑な文化の根底にある考え方を支えるのが、彼らの神話教育である。

アボリジニの子どもたちは、長老をはじめとする大人から、「神話を中心とした物語を継続して聞く」かたちで学んでいく。大人から話されるそれぞ

★巻末参考文献　濱嶋　二〇〇二

れの話は、三つの要素からなっている。

まず第一に、狩猟民族にとっていちばん大切な恩恵（食料等）の分配や、年配者への敬意を含む知恵、掟である。

第二の要素は、環境や、それとともに生きていく方法である。

そして第三が、その規則、掟を守っているかどうかを確認するため、聖霊がその部族の人々をどのように見守っているとかいう、霊的な世界に関する要素である。

神話の教え方がユニークだ。第一段階として、非常に基本的なレベルで子どもたちに話しかけ、子どもから質問することは避けるように教え込まれる。西洋式の教育では、子どもたちは話を理解したかどうか確かめるために質問をされるが、アボリジニの文化では、子どもは話し手の大人から観察され、その態度で話を理解したかどうかを判断される。

そして次の段階では、子どもたちが最初に聞いた話の特別な箇所までふたたび戻って、さらに高いレベルで同じ話を聞かされる。さらに、回を重ねるごとにレベルが上げられ、同じ話を聞かされる。

子どもたちが話を無視したときの罰は、もう二度とその話を聞かせてもらえなくなることである。これは、アボリジニにとってはたいへん洗練された、賢明な教育方法といえるであろう。

なぜなら、興味をなくして話をしてもらえなくなり、その話の基礎的な部

教師たちのミーティング
（ユードゥーム校・後出）

分しか知らない子どもと、最後まで話を聞いて十分に理解している子どもの、二つのタイプが存在することになるわけで、そのどちらかを選択するのは子ども自身だからである。つまり「自律」という、アボリジニにとっての重要なテーマにもっとも適応した方法なのである。

ここで、有名な「ドリームタイム」「ドリーミング」という表現について述べておこう。

これらの言葉は、かつて一九八〇年代のニューエイジ運動などで、キーワードとしてさかんに取り上げられた。その結果、小説や映画などの題材にも使われるようになっている。文字どおり「夢の世界」「夢見ること」という意味で、効率最優先の「現実」に対抗する言葉としてもてはやされた。

この「ドリームタイム」「ドリーミング」について、その語源の一つとされる「ジュクルパ」を例に紹介してみたい。

ジュクルパ（*Tjukurpa*）とは、ウルル・カタジュタ*（Uluru-Kata Tjuta）国立公園地区に暮らす、アボリジニの一部族、アナング（*Anangu*）にとっての一種の神話体系である。

国立公園内のカルチャーセンターからのメッセージには、ジュクルパはアナング文化の基盤であり、「行動の決まり、集団生活の掟を決めるもの」で、「部族の存在の支えとなる、土地を管理する方法を定めた規律である」と述べられている。

*ウルル・カタジュタ国立公園　北部準州にある有名な国立公園。オーストラリアのほぼ中央部に位置する。岩石の山エアーズロック（ウルル。地球のヘソともいわれる）とオルガ山（カタ・ジュタ）があることで知られる、国際的な観光地でもある。アボリジニの聖地。アボリジニ文化の歴史的な遺跡などが点在する。現在の公園は、アナング族の所有地。

エアーズロック（ウルル）

したがって、これを「ドリーミング」「ドリームタイム」と訳することも適切ではなく、西洋的な意味でのドリーミング（夢の世界）についてはふれていない。

その内容は、現実にもとづいたものであり、夢の世界のような想像的なものでもなく、日々の生活を送るための掟を記した、古代から伝わる部族の規律であるとも記述されている。★

また、アデレードのベッドフォード・パーク（Bedford Park）にあるガーナ文化センター（Living Kaurna Cultural Centre）のアボリジニ女性講師は、筆者の問いに答えて、次のように言った。

この何も存在しない世界から、アボリジニの祖先があらわれ、各地を旅し、動植物や砂漠などの地形を作っていった創世記の話や、聖霊、虹の蛇（Rainbow Serpent）の話は、南オーストラリアのラミンジェリ（*Ramindjeri*）部族、ヌガジュリ（*Ngadjuri*）部族、ガーナ（*Kaurna*）部族など、部族によってたいへん良く似ていたり、異なっていたりする箇所がある。それは、各部族の住む地域、神話の中に出てくる各自の役割、規律の違いによるものである、と。

また、他の部族の神話を自分が語ることは適切ではない、とも述べているが、このことは、彼女がセンターへの訪問者に神話について話をするとき、少なからず影響を及ぼしていることでもある。★★

★ Information Officer, Uluru-Kata Tjuta Cultural Centre, Pukulpa Pitjama Ananguku Ngurakutu Pukul Ngalya Yanama Ananguku Ngurakutu (Welcome to Aboriginal Land)

★★ Bedford Park, Living Kaurna Cultural Centre のアボリジニ女性講師へのインタビュー、二〇一五年三月

7　アボリジニの祖先の呪い？

一九九六年四月三日の朝日新聞に、こんな記事が載った。

「世界各地の観光客が持ち帰った岩のかけらが、『懺悔』の一筆とともにウルル・カタジュタ国立公園事務所に送り返されてきて、その総量はドラム缶一杯ほどになる。記念に石を持ち帰ったあとに、病気、破産、事故などの不幸が続き、その厄払いのために送り返してくる。」

アボリジニの神話では、創世記にアボリジニの祖先が現れ、各地を旅して、動植物、自然の地形などを作っていったが、この地域では、アナング族の祖先、創造神である「虹の蛇」が、一帯の土地、生物、自然を作り終えて、今はウルルの真ん中に眠っていると考えられている。

そのため、アナング族の人はウルルには登らないし、観光客が登ることは認めているが、登ってほしくないというのが本心である。

岩を持ち去る行為は、とんでもないことで、それは不幸を招く悪い行為なのである。

観光客はウルルに登る前に、カルチャーセンターでこのことを含め、撮影・

立ち入り禁止の聖地などについてのルールを学ぶのであるが、石ぐらいなら問題ないだろうと持ち帰った観光客のうち、不幸が続いた人たちが送り返してきたのであろう。

第2章　アボリジニは、どこから来てどこへ行くのか

1　多くの人種と多くの言葉

オーストラリアは、多民族・多言語国家である。

二〇一一年度の国勢調査では、総人口は二一五〇万七〇〇〇人（二〇〇六年度と比較し八・三％の増加）。そのうち二六％が外国生まれ、二〇％が親のどちらかが外国生まれ。

また、外国生まれの総人口五二九万人中、英国が一一〇万人（二〇・八％）、ニュージーランドが四八万人（九・一％）、中国が三一万人（六・〇％）、インドが二九万人（五・六％）、イタリアが一八万人（三・五％）、ベトナムが一八万人（三・五％）、フィリピンが一七万人（三・二％）と続いている。

しかし、二〇〇七年から二〇一一年度の間に移住してきた人の国別では、インドが一三％で、UKは一二％、あとに続く八か国のうち、七か国がアジア諸国で、ヨーロッパの国はゼロである。

家庭内での使用言語は、五歳以上のオーストラリア人では、英語のみが一五三九万人（八一％）、北京語が三一万人（一・七％）、イタリア語が二九万人（一・五％）、アラビア語が二六万人（一・四％）、広東語が二五万人（一・三％）、ギリシャ語が二四万人（一・三％）、ベトナム語が二一万人（一・二％）と続く。

以前からの移住者の四九％、最近の移住者の六七％が、家庭内で英語以外の言語を使用しているが、前者のグループのなかで、五一％以上が英語を流暢に話すことができ、二・六％がまったくできないということが報告されている。いっぽう、後者である最近の移住者中、英語を流暢に話す割合は四三％で、まったくできないグループは三・一％である。

2　イギリスからの囚人移民とアボリジニ

アボリジニが住むこの土地に最初にやってきたのは、インドネシア人だったという（約四〇〇〇年前）。そして一七世紀まで続いた大航海時代に*、ポルトガル人、スペイン人、オランダ人、フランス人などが訪れたが、いずれも不毛の土地として見向きもしなかった。

そして最後に、イギリス人の探検家ジェームズ・クック**（James Cook）が、一七七〇年、東海岸にヨーロッパ人として初めて上陸し、ニュー・サウス・ウエールズと名付けて、大英帝国の領土と宣言したのであった。

それからさらに一五年以上たって、のちにニュー・サウス・ウエールズ州総督となったアーサー・フィリップ（Arthur Phillip）が、一一隻の船団（第一船団と呼ばれる）を率い、八か月以上の航海を経てシドニー湾に上陸したのが、

＊大航海時代
　主としてスペイン、ポルトガルなどのヨーロッパ人による、アフリカ、アジア、アメリカ大陸への大規模な航海、ならびに「地理的発見」の時代。十五世紀半ばから十七世紀半ばまで続いた。

＊＊ジェームズ・クック
　James Cook（一七二八〜一七七九）。「キャプテン・クック」と呼ばれたイギリスの海軍士官、海洋探検家。海図を製作したことでも名高い。オーストラリア東海岸に到達、またハワイ諸島を発見、ニューファンドランド島とニュージーランドの海図を製作した。

一七八八年の一月二六日。この日がオーストラリアの建国記念日となった。

筆者は、第一船団が出航したイギリスのポーツマス港や、いちばん多くの罪人にオーストラリア送りの判決を下したノッティンガム刑務所を訪れたことがある。他のヨーロッパ諸国が見捨てた土地に、イギリスだけが興味を示した理由は、以下のようなものであった。

産業革命後、イギリスには失業者、犯罪者が増え続け、イギリスの刑務所が満杯となり、さらにそれまで囚人の売却先であったアメリカへも、独立後は囚人を送れなくなり、新しい送り先を見つけだす必要に迫られた。そのため、イギリスはオーストラリアに「流刑植民地」*を設立し、囚人を植民地の労働力として利用し、あわせてその更生を図ったのだった。

第一回目に送られたのが一七八八年。一一隻の乗船者、約一五〇〇人のうち、半分以上が女性・子どもをも含む囚人であった。一八六八年、最後の囚人が西オーストラリアに送られるまでの八〇年間に、一六万人の囚人が送られたが、この初期の移住者が囚人ということも、アボリジニにとっての不幸をさらに深刻なものとした。

つまり囚人たちは、つらい労働などで虐げられていたうっぷんの矛先をアボリジニに向け、殺戮を行ったのである。また、先住民が、白人を死からよみがえった自分たちの祖先と思い込み、子どもを誘拐してしまったという悲

＊流刑植民地
オーストラリア以外の候補地としてカナダや西アフリカが構想されたが、諸条件を勘案した結果、ニュー・サウスウェールズが選ばれた。

しい事件も起こった。

京都の舞妓さんは、白粉で化粧したあと、幽霊と間違われないために赤い口紅を塗るそうであるが、ニュージーランドのマオリ語で、白人はパケハ（Pakeha）と呼ばれ、（白い）化け物という意味である。アボリジニにとってもマオリ族*にとっても、初めて白人に遭遇したときの驚きは、我々の想像を絶するものであったに違いない。

*マオリ族
マオリ（Māori ＝普通の人という意味）。ニュージーランド（マオリ語でアオテアロア）の先住民族。ポリネシア系。ニュージーランドにはその後、イギリス人が入植した。

３　アボリジニの「起源」

そのような白人の最初の到来から、少なくとも一八三〇年代までは、この大陸の人口のほとんどはアボリジニで占められていた。では、アボリジニとはどのような人種で、いつ、どこからやってきたのだろうか。

起源に関してはいろいろな説がある。四万〜六万年前の、最終氷河期の海面が現在よりもずっと低かったころ、粗末な筏、カヌーや徒歩で、インド南部、マレー半島、セイロンなどの南アジアから渡ってきたという見方が定説であろう。★

★巻末参考文献　シンプソン　一九七二

また、オーストラリア大陸は、かつて過去に存在した超大陸、ゴンドワナ大陸の一部で、七〇〇〇万年前に南極大陸から離れ、移動を始めたといわれる。最終氷河期の時代には、ニューギニア、タスマニア島などを含む、現在のオセアニア地域全体にわたる大陸＝サフル大陸となり、アジア側にはスンダ大陸棚が出現した。★

アボリジニの祖先たちは、ボルネオ島、スラウェシ島などの島伝いに、オーストラリアにやってきた。人種的には、「はじめに」で記したように、モンゴロイド、ネグロイド、コーカソイドと分岐した、パプア人（ニューギニア）、ベッダ人（セイロン）、ドラヴィダ人（南インド）、メラネシア人と同類のオーストラロイドに属している。

そして一七世紀、オランダ人探検家タスマン（Abel Tasman）やハンセン（Willem Janszoon）がオーストラリア大陸を「発見」したが、香辛料の原料などは見当たらず、彼らはここを不毛の地と見て立ち去った。イギリス人探検家キャプテン・クックが上陸し、大英帝国の領土と宣言したのは、その一〇〇年以上もあとのことである。

しかし、じつはそれ以前に現在のインドネシア、スラウェシ島*のマカッサルの漁師たちが、中華料理用のナマコを捕りに、オーストラリアに来ていたことがわかっている。こうした「交流」については、またあとでも述べることにする。

★巻末参考文献　石川　一九九〇

*スラウェシ　Sulawesi　インドネシア中部の島。イギリスの植民地時代はセレベス島と呼ばれた。マカッサルは、その南西端にある最大の都市。

４　現在の人口と居住地について

オーストラリアの先住民は、まずアボリジニ、そしてオーストラリア北東部とニューギニア間の海峡のトレス海峡諸島に暮らす人々である（「トレス海峡諸島民」）。現代においての彼らに関する客観的な数字を、まずあげておこう。

厳密に言うと、二〇一一年度の国勢調査では、オーストラリア総人口約二一五〇万七〇〇〇人のうち、みずからを先住民とみなす人は五四万八三七〇人であった。このうち、アボリジニのみの血統が、約四九万三五〇〇人（先住民の九〇％）、トレス海峡諸島民の血統が約三万二九〇〇人（同六％）で、残りの約二万一九〇〇人（同四％）は、両方の血統の者であった。★

先住民の人口がもっとも少ない州は、メルボルンを州都にもつビクトリア州。州の総人口の〇・七％が先住民であり、残りの州に関しても、各州総人口の四％またはそれ以下である。

いっぽう、オーストラリアにおいて、総人口がもっとも少ない北部準州（州都はダーウィン）では、総人口約二一万一九〇〇人のうちの、なんと二六・八％にあたる、約五万六八〇〇人が先住民である。

★ Australian Bureau of Statistics 2012, Cutual Diversity in Australia, 2071.0- Reflecting a Nation: Stories from the 2011 Census, 2012–2013

先住民の居住地としては、全体として三三％が各州都などの中心部に住んでいる。そのうち五一％は南オーストラリア州の州都、四七％がビクトリア州の州都に暮らす。

この数字は、北部準州（八〇％が州都以外に住む）や、クイーンズランド州（七三％が州都以外に住む）の状況とは対照的である。★

5　盗まれた子どもたち

こうした状況のなかで、いまだに多くの問題の原因と考えられている歴史的な政策のひとつが、あの「盗まれた子どもたち（Stolen Children）」である。

まず名称について。「盗まれた世代」という言い方もあるが、当の世代全員が「盗まれた」わけではなく、適当ではないという説もあるため、ここでは「盗まれた子どもたち」という名称を採用しよう。

白人入植が開始された一七八八年当時のアボリジニの人口が、約二五万～三〇万人であったということは定説である。その後、すでに述べたように、オーストラリア連邦発足時の一九〇一年には、六万六九五〇人にまで激減している。

なぜ、そのような悲惨な事態になってしまったのか。

★ Healthy for Life-Aboriginal Community Controlled Health Services Report Card, Australian Institute of Health and Welfare, Canberra 2013

アボリジニ語の教材（ユードゥーム校）

原因としては、「はじめに」でも述べた、大量殺戮や強制移住、同化政策があげられる。

まず政府の「根絶やし政策」により、タスマニアでは、一八五九年に最後のアボリジニ男性が、一八七六年には最後のアボリジニ女性が亡くなった。同島のアボリジニは白人入植後、一〇〇年足らずで絶滅したことになる。

特別保護区への「強制移住」も大きかったが、もっとも決定的な影響を与えたのが、一九世紀から二〇世紀の一九〇〇年代まで続いた「同化政策」であるといわれている。

これはすでに述べたように、白人とアボリジニの間に生まれた子ども「ハーフカースト」を、政府、教会、そして警察が協力して親から引き離し、施設や、一部は白人家庭に強制隔離する制度であった。アボリジニの言語、文化生活習慣を、徹底的に排除したのである。

現在のアボリジニ人口のうち、じつに五人に一人はその犠牲者で、それが「盗まれた子どもたち」と言われている。★シドニー・オリンピックのキャシー・フリーマンの祖母も、その一人であった。

補足すれば、ほかに有名なアボリジニのアスリートとしては、一九六八年、日本のファイティング原田を破って世界バンタム級タイトルを獲得したライオネル・ローズ（Lionel Rose）、一九七一年に、ウィンブルドンのテニス大会で女子チャンピオンになったイヴォンヌ・グーラゴング（Evonne Goolagong）な

★巻末参考文献　大橋　一九九〇

どの名前があげられるが、いずれも政治的には中立の立場をとり、フリーマン選手以外、アボリジニとしてのアイデンティティを表に出すことはなかった。

6 あるアボリジニ学生の体験

筆者は一九九六年、訪問先のフィジー*、スバにある南太平洋大学**に留学中の、「盗まれた子どもたち」の一人から話を聞くことができた。アボリジニの学生である彼は、その生い立ちについて語ってくれたのである。

一九六〇年代前半生まれの彼は、三歳になる前に、社会福祉機関により孤児院に入れられ、四歳になる前には白人家庭に里子に出された。彼は、施設から連れ去られ、新しい家族を紹介された日のことを忘れられない。彼には、本当の家族でないその家族をどうしても受け入れることができず、初対面はぎこちないものだった。

学校へ登校し始めると、肌の色のため喧嘩などのトラブルに巻き込まれたが、喧嘩の相手はそのたびに彼を罰するよう親に告げ口したという。それでも、彼が里子に出された家庭の白人の兄弟たちは、彼のつらい状況をまったく理解せず、助けもしてくれなかったという。そのような逆境のなか、中等

*フィジー
Fiji 正式には、フィジー共和国。南太平洋に点在し、イギリス連邦に加盟。首都は、ビティレブ島のスバ。

**南太平洋大学
The University of South Pacific

学校へ進んだ彼は、教育の大切さを自覚し、九年生（日本の中学三年生）では年間最優秀生徒に選ばれた。

翌年（州によって異なるが、彼の家族が住むクイーンズランド州は日本の高校一年生にあたる一〇年生までが義務教育）、卒業とともに里親宅を離れ、仕事と、本当の親捜しの旅に出るが、社会福祉機関のファイルには家族の名前すら残っておらず、失望の毎日であったという。そして、運よくやっとのことで、見つけ出したのは、両親とも数年前にこの世を去っていたという事実だった。

その後の七年間も、口には言い表せないほどの苦労を続けた。筆者に打ち明けてくれたことの一つに、こんな話がある。レンガ職人として働いていたときのこと、生まれながらの弱視について、仕事仲間の白人からからかわれたというのだ。

学校を出て、やっと嫌なことから解放されたと思っても、さらにつらい日々が社会に出てからも続く——彼の言葉は、筆者の胸を打った。

しかし彼は努力を続け、ＴＡＦＥ（技術職業専門教育学校）へ進学し、「アボリジニ教育」の課程を専攻する。

アボリジニ教育・文化を選んだ理由。それは里子時代、アボリジニの言語、文化、社会について学んだことが一度もなく、里親から他のアボリジニ家族との接触も禁じられたためだという。その後、彼はさらにクイーンズランド大学へ進み、園芸学を専攻し、大学の奨学金で南太平洋大学に留学したのだった。

フィジー人の女性と結婚した彼からは、前述の、刑務所内のアボリジニ自殺者の多さについても聞くことができた。その多さに、連邦政府の王立委員会も調査を始め、多くの勧告を行ったが、問題は解決されず、依然として自殺者は絶えないという。

一つの理由として彼があげたのは、ほんの些細なことでも拘置され、その期間も必要以上に長いということであった。さまざまな困難を乗り越えて、アボリジニにとっての模範的存在にまでなった彼の言葉だけに、重さを感じずにはいられない。

二〇〇八年、当時のケビン・ラッド首相は、全アボリジニの人々に対して、政府として初めて公式に謝罪し、多くの人々に深い感銘を与えた。だが、じっさいの賠償の段階にはいまだに至っていない。

驚くべきことに、一九六七年まで、アボリジニは国民としては認められず、選挙権もなく、国勢調査の対象にも入っていなかった。そのため、現在、アボリジニ言語、文化の維持・復興のためさまざまな取り組みがなされているが、「時すでにおそし」との指摘もある。

いまだに、アボリジニにとっての未来は確定していない。

アボリジニ・アートセンターのゴミ箱（アリススプリングス・後出）

7　タマリンドの木と日本の戦闘機

一九九八年、筆者は、北部準州の州都ダーウィンの東、約五〇〇キロに位置する小島ミリンギンビ（Millingimbi）にあるコミュニティ・スクールを訪問した。現地には、一九二〇年代にキリスト教のミッション*が設立され、公的な教育は一九五〇年代に開始されていた。

一九八〇年代には、英語のみによるモノリンガル教育と、アボリジニ語とのバイリンガル教育の学習到達度の比較調査が実施された。そのとき、バイリンガル教育のほうが、英語の理解力、生成力などのテストにおいて高得点が得られた、という報告がなされている。

ここでの滞在中、授業参観、教師と生徒へのインタビューの合間に、筆者は、二つの興味深い場所へ案内してもらった。

まず最初は、タマリンドという常緑高木が生い茂ったところであった。食用となるサヤ状の果実がぶら下がった、高さ二〇メートルぐらいの大きな木である。この果肉は、インド料理のチャツネやタイ料理にも使われ、またアボリジニの人たちは今でもこの実を食べている。最初の大陸発見者であるオランダ人も、この高木を見ていたら、のちにやってきたイギリス人の後塵を拝することもなかったのではないか、などと想像をめぐらしてしまった。

*ミッション
　アボリジニを入植者から隔離・保護する施設

しかし、タマリンドの密生地があるのは、この一帯や北部の一部だけである。アボリジニの長老によると、その理由は一七世紀、スラウェシ島からナマコ漁にやってきたマカッサンと呼ばれる人たちが捨てた種が大木に成長したものだから、というのである。

マカッサンは、一二月から一月の季節風に乗ってやってきて、また逆の方向の季節風に乗り、マカッサルへ戻っていった。その帆船は、ミリンギンビ校の教材センターで印刷された絵はがきでも紹介されている。マカッサンが運んできた米、タバコ、布などと、真珠などの天然資源を交換していたアボリジニの中には、一八世紀後半、マカッサルに移り住んだ人もいる。また、現地のアボリジニ語で白人をあらわす「バランダ」という言葉は、当時のインドネシアの宗主国だった「オランダ」に由来する。

なお、一九〇六年以来、オーストラリアではナマコ漁は禁止されている。★

ミリンギンビには、太平洋戦争中、オーストラリア空軍の基地が建設されたため、日本軍による爆撃をこうむった。このときの様子も、絵はがきに記されている。

タマリンドの密生地を見学した数日後、アボリジニの長老二人に、今度は日本に関係した木を見てみるかと言われたので、ついて行くと、それは海岸沿いの教会近くの木々の一本であった。

★巻末参考文献　濱嶋　二〇一四②

その木には、穴のような傷がある。日本の戦闘機による機銃掃射の痕だと言われた。筆者が思わず、死傷者は出たのですかと聞くと、教会と保健所が爆破されたが、幸い死者は出なかったし、遠い昔のことだから気にしなくていいよ、と言ってくれた。最初に日本の戦闘機を見たとき、アボリジニの人たちは笑顔で手を振っていたということであった。

しかし、のちほど教材センターでいただいた絵はがきの裏を見ると、一九四三年に教会と保健所が爆破され、数人が亡くなったという解説が載っていた。筆者が質問したとき、しばらく口ごもったあと、死者はいなかったよと答えてくれた長老たちの配慮に、あらためて感謝するのみである。★

8　日本語が残る「ブルーム」の町

西オーストラリア州北西部、インド洋に面したブルーム*という町には、最盛期、約二〇〇〇人の日本人が「真珠貝採取」の優秀なダイバー、潜水夫として働いていた。

また、「木曜島」内の共同墓地に眠る約一〇〇〇人の潜水夫の墓のうち、七〇〇以上は日本人の墓である。この島は、クイーンズランド州ヨーク岬半島の最北端と、パプア・ニューギニアの間に位置する、トレス海峡の島である。

★巻末参考文献　濱嶋　二〇一四②

*ブルーム
Broome　西オーストラリア州、キンバリー地区の町。観光と真珠の養殖で有名。

二つ並んだ木曜島の日本人の墓。オーストラリア人僧侶（浄土宗）、James Wilson 氏提供。真珠貝採取ボート上で、いとこ同士の潜水夫が口論となり、相手の言ったことに激怒したいとこのほうが相手を手斧でたたき殺してしまい、その直後、良心の呵責に堪えかねて海中に飛び込んで自殺したが、同乗した他の潜水夫が二人を並べて埋葬、墓も並んで建てて、二人の往生を祈ったという悲話がある。

潜水夫の多くは、和歌山県太地出身者で、ブルームの町にはTAIJI RDという通りも存在する。そして、日本の太地には、オーストラリア帰りの人がたくさん住んでいたのである。今でこそ「アメリカ村」といえば、大阪の南を連想する人が多いが、筆者にとっての「アメリカ村」は、小学校時代にテレビで見た、太地と同じく出稼ぎ移民が多かった日高郡美浜町（カナダへの移民）である。

太地では、「食料」をあらわす英語として、タッカーという言葉が使われていた。これはじつは普通の英語ではなく、オーストラリア英語のtuckerからきたものであった。オーストラリア人が国歌よりも親しみをもつ歌、ワルチング・マチルダ*（Waltzing Matilda）の歌詞の中にも出てくる単語だ。それを、日本に帰国した元ダイバーが、普通の英語と思って使用していたといわれている。

ここで、京都新聞二〇一〇年一〇月一四日、夕刊に載った記事を紹介する。ブルームと太地は一九八一年に姉妹都市となったが、あの反捕鯨映画『ザ・コーヴ』が原因で、各国からブルームに姉妹都市提携への抗議が殺到した。一時、議会も提携の停止を決定したのであるが、二か月後にその決定を取り消した。

停止に抗議して、提携を復活するように圧力をかけた団体の一つが、イル

＊ワルチング・マチルダ　Waltzing Matilda　オーストラリアの歌。世界的によく知られ、同国の国歌に推す動きもあった。核戦争後のオーストラリアを舞台にした、ネヴィル・シュート原作の映画『渚にて』（一九五九）でも、メイン・テーマ的に使われている。

カ漁に理解を示し、ブルームの繁栄に貢献した日本人への恩を忘れなかったアボリジニの人たちだといわれている。また、そのようなダイバーの中には、アボリジニ女性と結婚して、白人による差別に耐えて成功を収め、地元の名士となり、今はブルームの墓地に眠る人もいる。その奥さんは、七〇歳代のときに夫の出身地である太地を訪れてもいる。

オーストラリアで発刊されているNICHIGO PRESS（二〇〇〇年一一月号）によると、もう一人の日本人男性は、真珠採取船の造船所で働いていたときに、アボリジニ女性との間に子どもができたあと、わけあって当時一歳の娘と奥さんを残し、故郷の太地へ帰ってしまった。そして娘は、四〇歳になったとき、八〇歳近くになって病で床に伏す父親の居場所をついに捜し当て、四〇年ぶりに劇的な再会を果たしたのである。

この女性は、父がブルームにやってくる前に日本に残してきた、日本人の奥さんとの間の異母兄弟たちからたいへん温かく迎えられた。父が金の工面のため、出稼ぎに行かなければならなかった事情、帰国後もたびたびブルームに帰らねばと言っていたことなどを聞かされていたという。この物語は、オーストラリア国営放送ＡＢＣラジオでも番組化された★。

筆者は、二〇一六年九月、クイーンズランド州ヨーク岬を、言語復活と維持の調査で訪れた。そのオーストラリア大陸最北端の居住地、バマガ（Bamaga）のコミュニティで滞在させていただいたのは、アボリジニ市長のお宅だった。

★巻末参考文献　濱嶋　二〇一四②

彼の母方の祖父（マレーシア人）の親族も、Nakata（現地では、「なかち」と発音）という日本人である。彼の祖父はアイルランド人で、その間に生まれた彼の母親は、アボリジニ（彼の父親）と結婚し、彼自身の奥さんはトレス海峡諸島民である。★

二〇一六年一〇月、筆者はツームストーン祭（Tombstone Opening）と呼ばれる、Nakata家の木曜島でのトレス海峡諸島民式のお葬式に招待されたのだが、学期中のため参加はかなわなかった。

次章で紹介する「トレス海峡諸島民」の場合は、異なる島の島民同士で結婚したり、ほかの場所へ移り住んだりして、血縁関係はたいへん複雑で、興味深いものがあった。祖先が、南太平洋、中国、日本、インドネシア、フィリピン、マレーシア、またはヨーロッパ出身者というケースも珍しくはない。

9　ヘルシーなアボリジニ料理

アボリジニの食べ物についてもふれておこう。

二〇〇五年七月「ダイニング・ダウンアンダー」の料理ショーの収録が、ホテル「ヒルトン名古屋」で開かれた。これは世界約三〇か国でテレビ放映されている、オーストラリアの人気番組である。アボリジニの食材を現代風

★巻末参考文献　濱嶋　二〇一七

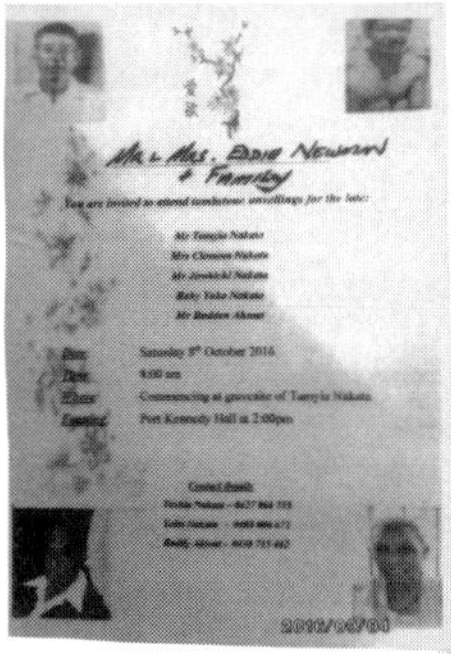

Newman夫妻への祖母（母方）の日本人家族からのTombstone Opening（Unveiling）招待状。Nakata（中田／仲田）という名前が印刷されているが、現地ではNakachiという発音になる。二〇一六年九月）

にアレンジし、そのレシピを紹介するものだ。

筆者は、現地でさまざまにアレンジされた料理に出会ったが、よりヘルシーで原点でもある「アボリジニ・タッカー」を紹介する。

まず、料理方法。地面の穴に熱した石を置き、バナナの葉を敷きつめた上に、葉やアルミに包んだ野菜、肉などをのせて土をかぶせ、蒸し焼きにする。フィジーではロボ（lovo）、ニュージーランドではハンギ（hangi）、トレス海峡諸島民内ではカップ・マリ（Kup Mari）と呼ばれるものと同系統である。

筆者自身も、前任校の姉妹大学がある、ニュージーランドのクライストチャーチでのマオリ式歓迎会や、もう一つの姉妹大学、南太平洋大学があるフィジーのスバの奥地の村での長老との食事会で、このような料理のご馳走にあずかった。

二〇一六年九月のバマガ（ヨーク岬）訪問時には、歓迎会で、アース・オーブンと呼ばれる同様の料理をいただいた。

ただ、アボリジニの場合、ブッシュ（奥地）の料理方法、食材はもっと野性的であって、まきをくべ、その炎で丸焼きにすることが多い。素材や料理方法から言っても、ヘルシーそのものである。

食材は、ゴアナ（オオトカゲ）、カーペット・スネーク（オーストラリアニシキヘビ）、カンガルー、ブルータングと呼ばれる舌が真っ青なトカゲなどであるが、

アース・オーブン
アボリジニ式地中オーブン料理

やはりカンガルーが定番で、とくにその尻尾が好まれる。
ほかに生食としては、蛾の一種であるオオボクトウの幼虫ウィッチティティ・グラブ（whichetty grub）があげられるが、これは幼虫が棲んでいる木の根をテコで持ち上げ、幼虫を引き出して口に放り込むという大胆なものだ。カブトムシの白い幼虫を想像していただければいいかもしれない。

ちなみに、筆者の好物であるアボリジニの食べ物は、レモン味や、ハニーの味の蟻（lemon ants, honey ants）。蜜が詰まっている腹部をプチッとかみ砕くと、本当にレモンや蜂蜜の味がする。

ハニー・アンツの巣はほかの蟻の巣と異なり、表面の穴は小さい。槍で穴を突いて掘り、土をかき出していくと、巣の中心部に蟻が一列に並んでいるので、それを小さな棒でかき出して捕らえ、呑みこまずに舌の上にのせて、蜜の詰まったまん丸い腹部をかみ砕き、蜜を吸う。★

ハニー・アンツは、あらためて、四万〜六万年前からこの大陸に住むアボリジニの知恵に感謝しつつ、いただくことにしている。ウィッチティティ・グラブやオオトカゲはどうも、と思われる方も、この蟻ならなんとか試食も可能では？

最近は、健康食としてアボリジニ食が見直されている。シドニー、ブリスベンなどのレストランで、ワニ、カンガルー、木の実、オポッサム（フクロ

★巻末参考文献
濱嶋 二〇一三②、二〇一四③

ネズミ）の料理などを出す専門のレストランもあるが、オポッサムはオーストラリアでは保護獣のため、出される肉は、害獣と指定されているニュージーランド産である。

川辺のハスの実も美味ながら、とくに北部準州の川にはワニが多く生息するため、採集は危険である。

また朝日新聞（二〇一四年二月七日）によると、カカドゥ・プラムと呼ばれる果物には、ブルーベリーの五倍もの血中酸化活性機能（TEAC）が含まれている、という報告もなされている。

幼虫に代表される虫を食べる習慣を紹介すると、学生の中には、それこそ苦虫をつぶしたような顔をする者も少なくない。

だがタイでのコオロギ、タガメ、セミ、バッタ等のから揚げ、さらに、日本でも信州での蜂の子、イナゴ、ザザ虫（トビケラ、カワゲラの幼虫）を白飯と食べる習慣（とくに蜂の子とザザ虫は高級素材で、これにイナゴを合わせた三色丼を、一杯二〇〇〇円で出している料亭もあるほど）など、世界を見てみるとけっして特殊なことではない。セミの幼虫を使った文字どおりの「茶碗虫（蒸し）」、「虫かつ」、「蚕のさなぎサラダ」、「コオロギ入りチャーハン」など、昆虫料理を研究しているグループや、その本も出版されていたりする。（中日新聞二〇一二年八月一六日）

ハニー・アンツの模型を掲げるユードゥーム・コミュニティ・スクール

第3章　数百の言葉が滅びゆく国

1 かつては数百種のアボリジニ語が話されていた

アボリジニの言葉は、もともと複雑で、多様性に満ちたものであった。シドニー郊外にあるマコーリー（Macquarie）大学の言語研究所の調査によると、一八〇〇年代の白人入植時には、アボリジニの言葉は二〇〇種以上あったとされる。これは、その言語学的差異がドイツ語とフランス語と同程度のものを、すべてカウントした数字である。またその変種、つまり方言が、六〇〇種以上存在した。

ところが二〇〇五年度の調査では、一四五種の言語が話されているものの、そのうち一一〇の言語が消滅の危機にあるという。また、ドーキンス★（一九九一）によると、約二〇の言語は、子どもに伝えられ、じっさいに使用されているが、約七〇の言語は、もはや子どもには伝えられておらず、使用もされていないという。

さらに、シュミット★★によれば、一〇〇～二五〇人の話者が二〇言語、二五〇人以上の話者が現存するのが二五言語、一〇～一〇〇人の話者が四五言語。そして、一〇〇〇人以上の話者はわずか八言語のみ存在するという（次ページ下段図参照）。

また、約三〇〇〇～四〇〇〇人の最多数の話者が存在する言語として、

★巻末参考文献 Dawkins 1991

★★巻末参考文献 Schmidt 1993

ウェスタン・デザート（Western Desert）語、アレンダ（Arrente）、中央オーストラリアのワルピリ（Warlpiri）、トレス海峡のカラウ・ラガウ・ヤ（Kalaw Lagaw Ya）をあげている。なおシュミットは、現代の都市生活に入り、生き残っている言語についても焦点を当てている。

しかし、アボリジニ・コミュニティの中には、こうした研究における英語表記、たとえば「語の消滅や危機」といった現状をあらわす〝strong（つよい）〟〝weak（よわい）〟〝dying（死につつある）〟〝dead（死滅）〟などの言葉が残酷すぎる、と批判するものもある。これはけっきょく、もはやある意味で死滅したといえる場合でさえも、その言語の名前や単語などが人々の思い出の中に残り、その言語とともにあるアイデンティティは死んでいない、という主張である。

このような〝dead〟〝dying〟という表現に対して、アデレード大学のロブ・アメリー（Rob Amery）は、〝endangered〟、〝threatened〟（絶滅の危機にある）といった言葉を使用したほうが、人々も興味を持ち、政府からの援助も得やすいのではと指摘しているほどである。★

いずれにしても、多くのアボリジニの言語が危機的な状況にあることは、まちがいない。

言語とは文化であり、その民族・部族のアイデンティティそのものである。

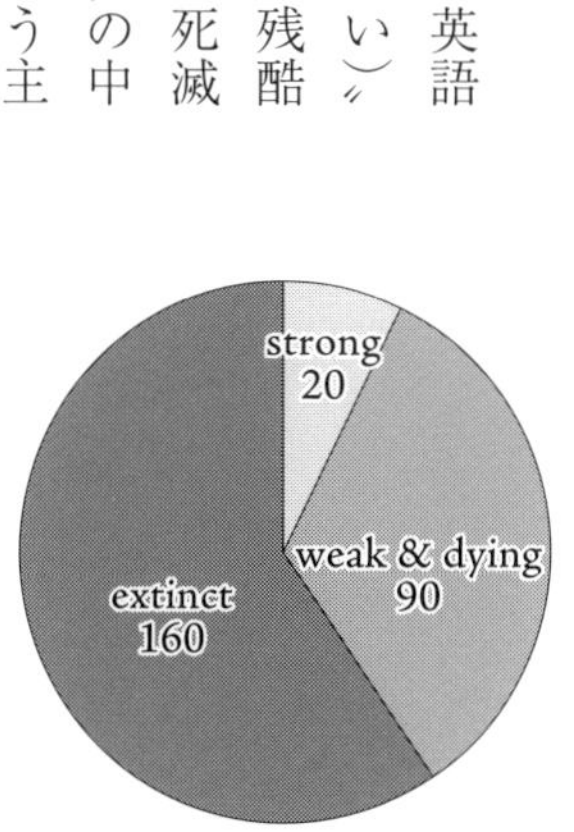

Vitality of Aboriginal Languages
(Schmidt A. 1993)

★ Amery, Rob. Education Department South Australia: EDSA（当時）への筆者によるインタビュー、一九九四年八月

言葉の危機は、アボリジニであること、というアイデンティティの危機をも象徴的にあらわしている。

2 バイリンガルのクラスから、モノリンガルのクラスへ?

オーストラリアの公用語は英語である。しかしすでに述べたように、この国にはじつに多種多様な言語が存在し、日常生活で使用されている。

それでも、アボリジニのいろいろな言葉と同様、多数派の英語に吸収され、英語しか話せない少数派の移民の子どもが増える状況にある。日本語もその例外ではなく、日曜学校などのエスニック・スクールへ子どもを通わせ、母語の維持に努める親も少なくない。

ところが、それじたいが多言語・多文化社会であるアボリジニ言語では、場合によっては、劣勢なアボリジニ語が、優勢なアボリジニ語の方向へ向かうケースもあるのだ。

たとえば、ウェスタン・デザート語グループ内に、有名な言語としてピッチャンチャチャラ(*Pitjantjatjara*)語と、ヤンクンチャチャラ(*Yankuntjatjara*)語がある。前者が、その優勢な地位のため、とくに有名である。それゆえ学校では、ピッチャンチャチャラ語を教えることを奨励し、優勢な言語話者の生徒は、劣勢なヤンクンチャチャラ語を話す者もいるということに、無神経になっているという報告もされている。

またバイリンガル教育実施校でも、そのクラスで話される言語とは異なる言語を使用する生徒の中には、いじめやその他の理由で、英語のみのモノリンガルのクラスを希望する生徒も存在している。

前にも記したが、一九九九年、アーネムランド北部内で最大のアボリジニ居住地にあるマニングリーダ校*を訪問したさいに、アボリジニ語と英語によるバイリンガル（Two-Way）クラスを参観させてもらった。そして、言語学の専門知識をもった経験豊かな有資格者による授業に感銘を受け、英語のみによるモノリンガルの授業も並行して行っているというので、そのクラスも見学させてもらった。

当初、「英語の授業についていけない生徒のための補習クラス」のようなものを想像していたのだが、それは生徒、あるいは親がみずから望んで開設されたクラスだったのである。

筆者が理由を聞いたところ、ここのバイリンガル教育で教えられている伝統言語は、ブララ（*Burarra*）語が採用されていて、それ以外の言語を話す子どもは、バイリンガル教育クラスに入るのを嫌がるのだという。そのような子どもの一人と話してみたが、以前、クラス内で優勢な言語を話すグループ

＊マニングリーダ
Maningrida　マニングリーダ地方は、グニビジ（Kunibidji）語グループの言語を話す土地で、ブララはその一つ。

からいじめにあったので、お父さんが教頭先生に掛けあい、バイリンガルのクラスから英語のみのクラスに替えてもらったということであった★。

さらに、都市部のアボリジニ生徒のほとんどは、現在でも白人を中心とした非アボリジニ教師による授業を受け、さまざまなプレッシャーのもとで学校に通っている。

都市部に住むアボリジニは、ほんとうの意味ではアボリジニではない、と主張する者も少なくない。

しかしアボリジニ言語学者の多くは、都市部のアボリジニは、現在の状況下で独自のアイデンティティを形成し、異なった方法で相互作用しており、彼らのアボリジニとしてのアイデンティティはむしろこのような要素から生まれると指摘している。

オーストラリアの少数言語の問題は、「白人の英語とアボリジニの少数言語」という単純な二分法では割り切れない。少数言語同士の相互の影響、各民族の伝統的生活習慣の違い、都市における民族のアイデンティティなど、複雑に絡み合った問題なのである。

そしてさらにいえば、オーストラリアの少数民族の言語教育は、バイリンガルというよりはむしろマルチリンガル、ないしマルチカルチャラルな問題である。

★ Maningrida Community Education Centre内のバイリンガルクラス以外の授業（英語のみによるクラス）を受講している生徒への筆者によるインタビュー、一九九九年八月なお、このバイリンガル教育を含めた「アボリジニの伝統言語の保存・復興プログラム」については、第5章で詳しく述べることにする。

3　二つの「クリオール」(Creole)

「クリオール」(またはクレオール)という言い方をお聞きになった方も多いと思う。言葉の通じない者同士(たとえば外国の商人)が、二つ以上の言語をミックスするなどして、自然発生的に用いるようになった共通語の総称である。話し手の子孫がそれを母国語として身につけ、公用語などとして使われるケースも多く、世界各地にそのバリエーションが存在する。また「植民地生まれの人々」を直接あらわす場合もある*(フランス語、スペイン語、ポルトガル語など)。

オーストラリアには、二種のクリオール語が存在している。

一つは「クリオル(Kriol)」と呼ばれるもので、その名称はクリオールに由来する。クリオルは、西オーストラリアのキンバリー(Kimberley)地域や、北部準州の北部で、約一万五〇〇〇人以上のアボリジニによって話されている。コミュニティの中には、三世代にわたってその母語として話されているところもあり、クイーンズランド州の北西部においても使用されていることが報

*クレオール
クレオール化(Creolization)という言葉もある。言語、文化などのさまざまな要素が入り混じり、変化していくこと。

告されている。しかし、その分布と、クリオルの方言については、まだすべてが明らかにされているわけではない。

もう一つのクリオール語は、ブロークン・イングリッシュ（Broken English）にその名前が由来する「ブロークン（Broken）」である。この言語は、トレス海峡諸島民によって話されているものである。興味深いことに、そこには真珠貝採取ダイバーとしてオーストラリア北部へ渡った日本人からの影響もあるようであり、いくつかの言葉は日本語に由来している。たとえば、潜水夫や船長がけがをしたときに発していた「痛いよ！」という不意の叫び言葉は、同じ意味で、Itayo! という言葉となり、現在トレス海峡全域で使用されている。ちなみに、「日本人」は、Zapaniman である。

このブロークンに関しては、シュヌカル・アナによって多くの研究がなされてきた。★ ブロークンは、通常の英語とは異なり、多くの言葉を英語より借用しているにもかかわらず、発音も異なることが多く、いつも元の英語と同じ意味をあらわすとはかぎらない。このため英語を母語とする者にとって、ブロークンをうまく話すことは困難であり、諸島民との間に多くの誤解が生じる。

シュヌカルは、このブロークンが短期間に広がった理由として、

（1）諸島民間のリンガ・フランカ*（共通語・通商語）として使用されたこと

（2）英語であると信じられていたこと

★巻末参考文献 Shnukal 1992

*リンガフランカ
たとえば古代の中国と日本の間では、漢文がリンガ・フランカとして用いられた。

の二つをあげているが、とくに前者を重要な理由としている。また、ブロークンは事実上、脱クリオール化し、英語の非・標準変種になりつつあるとも述べているが、アボリジニ言語学者の中には、異論を唱える者もいる。

上記の二つ以外にも、次項で述べるように、英語のアボリジニ語化された変種がある。

筆者が現在までに訪問したアボリジニ教育関係機関のアボリジニ係官たちも、家族や友人と話すときはこの「アボリジニ英語」を話し、職場や学校では、標準オーストラリア英語に近いスタイルを使用していた。トレス海峡諸島民のブロークンが、多くの点で英語と異なるのと同じく、このアボリジニ英語も英語とはかなり異なっている。★

4　アボリジニ英語とは？

英語の変種であるそのアボリジニ英語について、少し紹介してみる。

南オーストラリア州の教育省（Australian Indigenous Languages Framework ＡＩＬＦ）の元担当官グレッグ・ウィルソン（Greg Wilson）氏によると、彼が法廷通訳を務めていたとき、アボリジニ諸言語の中には、日本語と同じように否定疑問文「〜しないのですか」の答えが、「いいえ、します」、〝No, I do〟「はい、

★巻末参考文献　濱嶋　二〇〇二

しません」、"Yes, I don't."となってしまう言語が存在するため、とくに英語のスピーカーである裁判官、弁護士などに混乱を生じさせる原因となっているという。★

アボリジニ英語が「標準英語」の変種として認められたのは、一九六〇年代である。これを「悪い英語」(Bad English)とか、「劣っている英語」と評価する標準オーストラリア英語スピーカーも少なくない。しかしアボリジニ英語は、彼らの生活・習慣に必要な方向へ変化したもので、イギリス英語から変化したオーストラリア英語とは異質のものであり、そもそも優劣をつけることが間違いである、と指摘する言語学者も存在する。

ただし、さきほどのような法廷の場面にかぎらず、さまざまな違いから、多くの深刻な混乱が生じるのは事実で、そのような場合に頼りにされているのが、アボリジニの伝統語と英語の両方に堪能な、アボリジニ教師養成大学、バッチェラー(Batchelor)大学の「通訳コース」(通訳養成プログラム)などに在籍する「年配の学生」である。*

一般的に、アボリジニ語じたいの、正確な話者の数を限定するのはむずかしい。それは、たとえばワルピリ語と、もういっぽうの優勢な言語、ワルマンバ(Walmanba)語のスピーカー間での結婚が頻繁で、複数の言語を話す者も多く、子どもがどの言語に属するのか判定しづらいこと、などにもよる。

★オーストラリア政府文化財団豪日交流基金一般奨励金による現地調査での筆者によるインタビュー、一九九四年

*バッチェラー大学
現Batchelor Institute of Indigenous Tertiary Education

また、一九九一年、雇用教育訓練省から出版された「言語政策白書」には、子どものアボリジニ言語の維持ぐあいの低さが報告されている。当時のバッチェラー大学の学生の中には、母語である各アボリジニ語、公用語である標準オーストラリア英語の、どちらも不十分な学生が存在したため、このような通訳養成プログラムが必要になったという。

若者のこうした傾向から、それぞれの言語に堪能な年配者の学生の協力が不可欠となった。筆者が親しくなった二人のお婆さん学生たちも、みずからも学ぶかたわら、両方の言語に不十分な学生の指導を献身的に行っていた。

筆者もテキストを借りて、若い学生たちといっしょにその地域の伝統言語、ワルピリ語の学習に参加させてもらったが、とくに英語の子音にない発音を含むアボリジニ語の発音には苦労した。★ 【113ページ注１参照】

これと反対に、アボリジニ語にはない発音が、英語にはある。したがって、英語を教える非アボリジニ人教師はまずアボリジニ語を学ぶべきだというのが、言語学者たちの主張である。

５　地域ごとのアボリジニ英語

なお、「アボリジニ英語とアイデンティティ」の問題について、さきのロブ・

★巻末参考文献　濱嶋　二〇一四②

アメリーは、標準オーストラリア英語と異なる英語であっても、アボリジニによって話されている英語は、彼らの第一言語として認めるべきであると述べている。★

そのアボリジニ英語も、地域によって異なっている。

たとえば、南オーストラリア州の州都アデレードには、ヌンガ・イングリッシュ（Nunga English）というアボリジニ英語の変種が存在する。教養あるアボリジニは、家庭ではヌンガ・イングリッシュを話し、生徒、学生と話すときは、標準オーストラリア英語を使用していたが、多くはこのアボリジニ英語を誇りに思い、自らの遺産として意識していた。

このように、クリオルと並んで使用されるアボリジニ英語、また共通の言語的要素をもちながらも、地域によって異なるアボリジニ英語変種も存在するのが、アボリジニ社会がこうむっている現状である。

もう一つ。南オーストラリアのフリンダース・レンジ*では、子どもが伝統言語を話そうとはせずに、わざわざアボリジニ英語を使いたがり、かぎられた範囲ではあるが、流暢に伝統言語を話す老人たちとの間で、世代間の摩擦も生じている。このような地域での言語プログラムは、やはり若者のための伝統言語の復興を目的とすべきであろう。★★【113ページ注2参照】

★ Amery Rob, Education Department South Australia: EDSA（当時）への筆者によるインタビュー、一九九四年八月

＊フリンダース・レンジ
フリンダース山脈 Flinders Ranges のある地区。同山脈は南オーストラリア州最大。

★★巻末参考文献　濱嶋　二〇〇二

第4章　もう一つの先住民族「トレス海峡諸島民」とは

1　サイバイ島から木曜島まで、トレス海峡の四つの地域

トレス海峡*は、「はじめに」でも述べたように、多くの国の船が行きかうきわめて重要な交易ルートである。この地域に代々暮らす人々は、オーストラリアのもう一つの先住民で、「トレス海峡諸島民」**と呼ばれている。アボリジニとは違うメラネシア人であり、パプア・ニューギニアや、近隣の太平洋諸島民に近い人種と考えられている。

トレス海峡は、四つの地域に分けられる。西端、東部、中央、そして西部の島々である。さらに、海峡中央に散在する小島、砂島、珊瑚礁もここに含まれる。

最大の島の一つが、サイバイ（Saibai）島である。おもに泥土からなり、西端のグループに入る。この島の滑走路からは、パプア・ニューギニアの海岸線を見ることができる。サイバイの人たちが、みずからの島をオーストラリアへの玄関と呼ぶのは、このためだ。

村は、高地の細長い土地に沿って延び、パプア・ニューギニア本土の最短距離の村までは、海を隔ててほんのわずかな距離である。このパプア・ニューギニアの隣人たちは、今でもサイバイ島の人たちと交易を続けている。

*トレス海峡
Torres Strait　オーストラリア大陸とニューギニア島のあいだの海峡。そのもっとも近い距離は約一五〇キロ。トレス海峡諸島は二七四の小島からなる。

**トレス海峡諸島民
Torres Strait Islanders

パプア・ニューギニアからの影響は、トレス海峡諸島民の中でも最高の踊り手といわれる島の人たちの、踊りや衣装に見てとることができる。信じられないことではあるが、パプア・ニューギニアから海を泳いで渡ってきた鹿から、作物を守るためのフェンスも建てられている。

サイバイ島からそれほど離れていない所に、ダウアン（*Dauan*）と呼ばれる、泥ではなく花崗岩からなるまったく異なった島がある。この島は大陸に属していて、かつてはオーストラリアと、パプア・ニューギニアを結び付けていた陸橋の一部だった。岩だらけの山の麓に位置する村は、狭くて細長い平たん地に沿って広がっている。

島民は勤勉で、女性たちは、何千年も続く昔ながらの方法でサツマイモを植えるいっぽう、トラクターで土地を耕すという新旧混合の生活を送る。伝統的な文化遺産を大切にする人々で、伝統言語であるダウアン・アウ・ラガウ・ヤ（*Dauan Au Lagau Ya*）語を話し、家族の絆もきわめて強い。

次に、マレー（Murray）群島。群島と呼ばれるように、この島はじっさい三島からなっている。泥土のサイバイ島、花崗岩のダウアン島とは異なり、マレー群島は、熱帯性植物が生い茂る豊かな火山性土壌から形成される。異なる氏族からなる多くの小さな村を、島内で唯一の道路がつないでいる。島には港がない。だから生活必需品は、平底荷船によって島に運ばれている。

次は、ヨーク（Yorke）島。この島は、珊瑚礁または小島からなる中央群島の一つで、熱帯性植物の庭園のような風景が続く美しい島である。海産資源を利用した魚の加工工場と、船舶修理をおもな産業とすることで、仕事を求めて本土へ流れる若者を引きとめ、自給自足の生活をうながし、同時に島民は伝統的生活をも維持している。

最後に、第2章でもふれた、多くの人がTI（Thursday Island）と呼ぶ木曜島。アボリジニも数多く住む、トレス諸島でも中心的な島で、地理的には西端グループに属する。この西端グループの島々は、他とは大きく異なり、南方のオーストラリア東海岸にまで及ぶグレート・ディバイディング山脈の最北端に位置する群島である。かつての司馬遼太郎の『木曜島の夜会』*や、童話作家の庄野英二が、『木曜島』**という作品を書いたことなどもあって、あるいは日本でも知られているかもしれない。

島は、オーストラリア本土のヨーク岬からほんの二〇キロの距離にある。本土の地方の町レベルの生活必需品ならば、ほとんどすべてが入手できる。人口は約三〇〇〇人。

トレス海峡の目と耳ともいえる、戦略上も非常に重要な島であるため、近くのホーン（Horn）島を基地とする海軍の哨戒艇や、沿岸警備隊の飛行機が、不法移民、麻薬の運び屋、密漁者などにもたえず目を光らせている。

木曜島は、オーストラリア最北端の町というだけでなく、最北の防衛区域でもある。第二次大戦中は、とくに日本軍の侵略に備えて、島全体がオース

*司馬遼太郎『木曜島の夜会』
二〇一一年、文春文庫（新装版）。短編小説。明治の始めから太平洋戦争前まで、多くの日本人が真珠採取のために潜水夫として雇われた苦難の日々を描く。

**庄野英二『木曜島』
一九七二年、理論社刊。やはり日本人潜水夫の軌跡を描いた長編小説。庄野英二（一九一五〜一九九三年）は、児童文学者。元・帝塚山学院大学学長。代表作に『星の牧場』など。
なお「木曜島」という島の名前は、ジェームズ・クックの航海長だったウィリアム・ブライが、発見した曜日ごとに名付けたという。火曜島、水曜島、金曜島もある。先住民が呼ぶもとの名前は「ワイベン（Waiben 水のない島）」。

トラリア防衛軍の管理下に置かれた。

そして、このトレス諸島にキリスト教が伝来したのは、一八七〇年代のことであった。

諸島民と、真珠貝やニシキウズガイ（trochus shell）などの高級貝の殻を採取する業者との争いを減らすのに役立つものとして、ロンドン宣教師協会（London Missionary Society）が、クイーンズランド植民地政府の援助を受けて布教にあたったものである。★

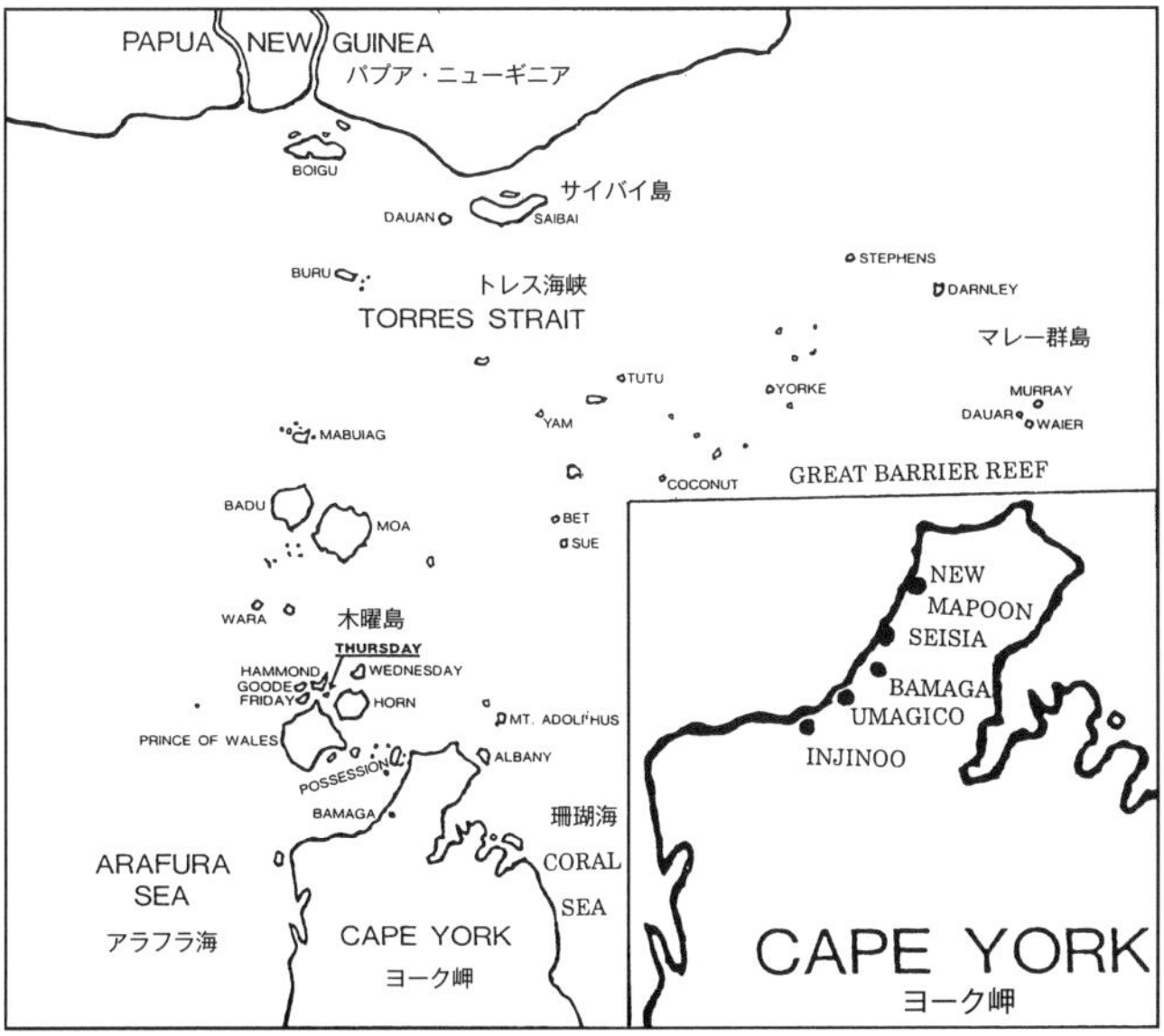

出典：*Saibai to Bamaga: the Migration from Saibai to Bamaga on the Cape York Peninsula* (Dana Ober, Joe Sproats, Rick Mitchell), *The Australia Series: The Torres Strait Islanders* (VISUAL MEDIA PTY) の地図を修正、加筆。

★巻末参考文献
Schmider & Pattie 1989

2　キリスト教以前のトレス海峡諸島民

ヨーロッパ人の到来までは、海峡内の物資の輸送、交通は、おもに他の島々の住民、パプア・ニューギニア人、ヨーク岬のアボリジニとの間に限られていた。

諸島民は、外洋カヌー*と高度な航海術をもち、諸島、岩礁、天候、潮の干満、潮流、星と空を頼りにしての航海などに詳しかった。

交易のカヌーは複数で移動し、攻撃に備えて見張りが立てられた。島内の資源が限られていたため、交易は非常に重要で、異人種間の結婚、親族関係がこれらの関係をさらに堅固にし、中央諸島民はこの交易システムで仲介人の役を果たしたのである。

ニューギニアやヨーク岬からは、道具、武具、カヌー、羽、黄土、家庭や儀式で使用する物資などを入手した。興味深いことに、諸島民がニューギニア人の弓矢に類似した狩猟具を所持していたにもかかわらず、ヨーク岬のアボリジニの伝統生活にはそのような特徴は見られない。

諸島民側からは、真珠貝、べっ甲、石具、当時の諸島民間の戦いで狩られた人間の首、などが提供された。

現在は、異なる血族や他の島々の血族間の戦いは禁止され、戦士たちが敵

＊外洋カヌー
アウトリガーカヌー（Outrigger canoe）とも言われる。外洋での安定性を目的として、カヌーの脇に支え木でアウトリガーと呼ばれる浮きを取り付けてある。東南アジア、南太平洋などで現在でも用いられる。

の首を狩って干し、縮小させて飾る習慣も廃止されている。伝統的な戦いの踊りは披露されるが、それはきわめて平和的なものである。★

3　ヨーロッパ人、アジア人との接触

トレス海峡へのヨーロッパ人の移住は、基本的には一九世紀後半の真珠産業の興隆とともに始まるが、諸島民はそれ以前からも、さまざまな人種との交流を続けていた。つねに、パプア・ニューギニア人、ヨーク岬のアボリジニとは伝統的交易、社会的、言語的、そして交戦、といったつながりがあった。また、中国人、マレーシア人、インドネシア人の冒険家や貿易商人たちが、海峡までやってきたことも容易に想像できる。

トレスという海峡名は、一六〇六年に海峡を通過した、かつてスペイン王に仕えたポルトガル人船員ルイス・パーエス・デ・トレス（Luis Vaez de Torres）にちなんでつけられた。

オランダ人は、当時からインドネシアを訪れていたが、敵意をもったアボリジニの存在に加え、この地域の商業的開発の可能性が低いことを報告、海峡を通過することもなかった。

いっぽう、アジアと太平洋間の近道を発見した最初のヨーロッパ人、トレ

★巻末参考文献 Schmider

ス船長は、諸島民を原始的で、文化もなく未開の残酷な野蛮人と表現し、交易するに値しないとスペイン王宛ての書状で報告している。

その後、一七七〇年八月に、イギリス人ジェームズ・クック船長がこの海峡を通過。東と西を結ぶ航路の海図を作成し、島々のいくつかをイギリス領と宣言した。その後の五〇年以内に、海峡はたえず多くの船が往来する海峡となった。

4　伝統の破壊と市民権＝現在の「諸島民」

伝統的生活の破壊は、ニシキウズガイ、べっ甲、ナマコ採取事業開発などとともに発展した真珠産業と同時に始まった。

それは第二次大戦まで続いて、多くの資源が持ち去られ、諸島民は真珠貝、ナマコ採取・加工労働者や小型帆船の乗組員として働かされた。彼らの労働条件は、ひどく劣悪であった。

このような状況から引き起こされた「諸島民」と真珠貝採取業者との緊張を、安定した状態に戻すため、前述のようにクイーンズランド植民地政府の援助を受けて、ロンドン宣教師協会が布教を始めたのである。

だが、このようなキリスト教の布教は、結婚式、葬儀などをはじめとする諸島民の生活を大きく変えていった。その例として、「ツームストーン祭」と「光の到来祭」*があげられる。前者は、人が島内に埋葬されるとき、本土と同様のキリスト教式の埋葬様式で行われ、同時に、その人の死後を見守るための氏族のトーテムが墓の上に建てられて、その数年後に新しい墓石をつくり、祝宴が催されるものである。後者は、キリスト教布教団が到着した日を記念して、毎年七月一日に催される祝祭である。

第二次世界大戦以来、さらなる変化・発展をトレス海峡諸島は経験することとなる。諸島民の南下とともに、離島から、求職を目的とした木曜島への移住も始まり、タムウォイ（*Tamwoy*）の町に保留地が設置された。

一九六七年には、オーストラリアの国民投票により、トレス海峡諸島民とアボリジニに、完全な市民権と各種の権利が与えられた。

そして一九八〇年代後半には、クイーンズランド州政府は、政策を先住民自身による管理体制へと移行。さまざまな問題を調整する諸島民自身による評議会が、それぞれの地域に設置された。この改革によって、事務員、管理者に諸島民を任命し、多くの権限の地方自治体への移譲が開始された。

一九八〇年代後半になると、さらにこうした動きが加速する。

それまでは、クイーンズランド州政府内に「先住民局」が設置されていて、先住民教育の運営、管理、責任などを担っていた。しかしこれらは、以降、

*光の到来祭
The Coming of the Light

クイーンズランド州教育省に移譲される。

いま、諸島民の教育熱は高い。若者が将来の社会を形成し、諸島民としての文化、習慣、知識、そして伝統言語を学び、みずからのアイデンティティに誇りを持ちつつ、医師、弁護士といった専門職に就き、各コミュニティの模範となることを目標に掲げている。

そのため、高校卒業後にオーストラリア本土のＴＡＦＥ、各種カレッジ（College）などの職業技術専門教育機関、大学などに、子弟を進学させる家庭も少なくない。

長老は、今日でも、「諸島民」の最高権力者ではある。だが、かつてもっていた警察官、裁判官、代弁者としての影響力の多くは、じっさいの警察、裁判所、政府行政官へと移行していった。

以上のごとく、ヨーロッパ人の到来とともに、彼らの伝統社会は大きく変化してきた。だが、次の世代にその伝統的文化・慣習を伝えるためのさまざまな努力が続けられており、たとえば伝統言語の復活・維持は、そのための有効な手段の一つとして期待されている。（Schmider）

今日では、「諸島民」の伝統は、前述の「ツームストーン祭」にも見られるように〝Before Time〟〝Bipotaim〟などと呼ばれる過去にまでさかのぼる古い様式と、キリスト教式の新しい様式の混合形式で行われている。

なお、トレス海峡クリオール語（ブロークン）で、〝Before Time〟を意味する〝Bipotaim〟は、たんに〝Old Times〟（古き時代）を意味したり、一九六七年の国民投票以前の時代を示したりと、さまざまに解釈される。★

5　「トレス海峡諸島民」の言語状況

彼らが用いる言語は、どのようなものだろう。

伝統的言語としては、カラウ・カワウ・ヤ（*Kalaw Kawaw Ya*）語と、西端諸島のカラウ・ラガウ・ヤ（*Kalaw Lagaw Ya*）語があげられる。また、西部諸島グループの伝統言語の変種、メリアム・メア（*Meriam Mer*）語が東部諸島の言語であって、人々は今でもその言語を話し、また録音された言語を学校で若者たちに教える努力が続けられている。

西部諸島グループの言語は、オーストラリアの全先住民言語の中では三番目、または四番目に多い話者を有する言語の一つでもある。カラウ・ラガウ・ヤ語は、三五〇〇〜四〇〇〇人、カラウ・カワウ・ヤ語は、ヨーク岬のバマガの住民を含めて、約一五〇〇人の話者を有する。★★

伝統言語の現状は、アボリジニの場合と似かよっている。

★Bipotaim: stories before time I National Museum of Australia

★★巻末参考文献
Ford Kevin and Ober Dana 1991

ヨーク岬の北端地域を例にあげよう。インジュヌー、ユマジコ、バマガ、ニュー・マプーン、セイシアの五つのコミュニティからなり、アタンバヤ（*Atambaya*）族、アンガムティ（*Angkamuthi*）族、ヤダイカヌ（*Yadhaykanu*）族がインジュヌー・コミュニティに住み、ユマジコには、プリンセス・シャーロット湾（Princess Charlotte Bay）出身のバカナムビア（*Bakanambia*）族とジェテネル（*Jeteneru*）族、ロックハート・リヴァー（Lockhart River）出身のウタティ（*Wuthathi*）族などのグループが住んでいる。

なお、これらのグループには、トレス海峡諸島民だけでなく、アボリジニのコミュニティも含まれている。

バマガとセイシアには、パプア・ニューギニアのフライ・リヴァー三角州（Fly River Delta）南方方向に位置するサイバイ島からの少数のグループが移住し、ニュー・マプーンにはジュングンディ（*Tjungundji*）族と、ポート・マスグレイヴ（Port Musgrave）出身のその関連グループが移り住んだ。

まず、インジュヌー・コミュニティ内のアタンバヤ語の流暢な話し手は、すでに存在しない。ほかの二つの言語、アンガムティ語、ヤダイカヌ語、ヨーク岬北部の東海岸地域の同族語であるグダング（*Gudang*）語、三つの流暢な話し手であると自分で報告している祖父世代の男性が、一人だけ生存するのみである。

（A：アボリジニ，T：トレス海峡諸島民）

Northern Peninsula Area Regional Council（NPARC）市長

Council	Council	Council	Council	Council
ニュー・マプーン	セイシア	バマガ	ユマジコ	インジュヌー
New Mapoon	Seisia	Bamaga	Umagico	Injinoo
（A）	（T）	（T）	（A）	（A）

出典：（バマガ市長の資料より作成）

ヨーク岬北端の五つコミュニティ

その結果、インジュヌー・コミュニティの人々は、現在コミュニティ内で話されてたがいに密接に関連する変種グループを、インジュヌー・イキア（*Injinoo Ikya*）語と認め、「共通語」、つまりリンガ・フランカとして使用することを選択した。

さらなる目標は、言語復興の取り組みを通じ、現在たった一人の話し手しか存在しない、危機状況にあるアンガムティ語の保存と発展にまでたどりつくことである。

また親の世代の中には、危機にあるこれら三つの言語の「半話し手」と見なされるグループも存在しており、彼らが言語復興の中心的な役割を担っていることになる。★

★ Pama Language Centre 研究員、Barker Xavier 氏への筆者によるインタビュー調査、二〇一六年九月

第5章　アボリジニ語を復興するプログラム

1　バイリンガル教育のカリキュラム

これまで筆者は、たびたびオーストラリアを訪れ、主としてアボリジニの言語・文化・教育などに関する現地調査を行ってきた。

二〇〇八年度における最初の訪問校は、アレヨンガ校（*Areyonga School*）であった。アボリジニの女性が校長を務める小規模な学校で、就学前〜小学校低学年のクラスに一四名、同高学年に一六名の生徒が在籍する。中央オーストラリアのアリススプリングス*の南西、約二〇〇キロに位置、ピッチャンチャチャラ語を話す部族が中心の地域である。

この学校は、教育に関しても、しっかりした体制をとっていた。スタッフは、応用言語学の修士号と、バイリンガル教育歴三〜五年の経験が必要な資格をもつアボリジニ教師二名（そのうち一名は現校長）。それに、以前勤務していたカトリック系バイリンガル校での実績がある白人教員の、計三名。

これらの有資格教員を中心に、ピッチャンチャチャラ語と英語によるバイリンガル・ステップ・モデル・プログラム学習教育が行われていた。

なお筆者の滞在中、クリニックから派遣された看護士が、子どもたちの聴力、中耳炎のチェックを行っていた。ここのコミュニティにかぎらず、ストレスが原因の皮膚病から、肝臓を患う子どもも少なくないという。

＊アリススプリングス　Alice Springs　北部準州の都市。「The Alice」とも呼ばれる。人口は三〇〇〇人ほど。北部準州では、首府のダーウィンについで二番目の大きさ。古くからアボリジニのアレント族が居住している。

日本語の看板まである

　また、生徒たちの計算力を測ることを目的としたテスト実施のため、北部準州から係官も来ており、その場合のアボリジニ教育の成功度は、計算力、英語の識字力で判断されることが多く、これも子どもたちのストレスの原因の一部となっている。

　次にユードゥーム校（*Yuendumu* Community Education Centre CEC）は、白人女性が校長を務める。初等教育の生徒が約六〇名、前期中等教育（中学校まで）が約二〇名、生徒数合計が約八〇名。

　教材を作成する係を含む教職員数は一六名（白人・アボリジニ教職員一一名、アボリジニ指導助手四名）という中規模校だった。アリススプリングスから北西約二七〇キロに位置する、ワルピリ（*Warlpiri*）語を話す部族が中心のエリアにある。

　ここでも、ワルピリ語を話すアボリジニ助手の、クラス内での存在は大きく、彼女たちが家庭の事情や部族の行事などで出てこられないとき、結果として授業は英語のみで行われることになる。このとき、授業におけるアボリジニの生徒たちへのプレッシャーは、予想以上に大きいようだった。学校へも来なくなってしまう場合が少なくないという。

　また白人教師のなかには、アボリジニの言語・文化に詳しくない者も多く、このような若いＥＳＬ（第二言語としての英語教育）教師が彼らを理解することは、やはり容易ではない。

このときの調査資料で得られた同校の具体的なカリキュラムを、次に並べてみよう。

①移行期（Transition）：一年生（六歳）：生徒数・約二〇名、教師二名（ヤパ *Yapa* アボリジニ二名、コーディア *Kordya* 白人〇名）→九〇％がアボリジニ語による授業。

②二～三年生（七～八歳）：生徒数二〇名、教師二名（アボリジニ一名、白人一名）→七〇％がアボリジニ語による授業。

③四～五年生（九～一〇歳）：生徒数一六名、教師二名（アボリジニ一名、白人一名）→五〇％がアボリジニ語による授業。

④六～九年生（一一～一四歳）生徒数二〇名、教師五名（アボリジニ一名、白人四名）→二〇％がアボリジニ語による授業。

やはり、アボリジニ助手が家庭の事情などで来られなかった場合、とくに英語がレベル１（いちばん低いレベル）の子どもたちは、英語学習に悩み、ストレスを感じて、それが授業を受ける態度に表れる。出席率も悪くなり、各コミュニティ間との責務に達しない結果となってしまう。

その「各コミュニティ間との責務」とは、三年生で英語学習を始める前に、三年間ワルピリ語を学ばせることである。学校評議会もバイリンガル教育を

白人教師の授業を参観する元担当官

推奨しているものの、徐々に英語のみの授業になってしまう傾向がある。

このような現状から当然、学校、教育省、各コミュニティ間の誤解を避けるためのコミュニケーションの場が必要となり、ユードゥーム校でもアボリジニ保護者と学校、教育省関係者間でさまざまな会合が実施されていた。

なお、以前の訪問校が海岸地方であったのにくらべ、このとき訪問した二つの学校は、いずれも内陸部にあったことが特徴的だった。

２　バイリンガル教育のスタート

ひとあたり、現場の雰囲気をご紹介した。

オーストラリアでは、先住民の言語を復活・維持させるために多くの問題を抱えながらも、現在に至るまでじつにさまざまな言語政策がとられている。その中心的な柱となってきたのが、英語とアボリジニ語によるバイリンガル教育である。


「州政府は、特有地区に住むアボリジニ・コミュニティ・アボリジニ語による初等教育を開始する。州政府は、アボリジニ自身による芸術、工芸品、技能などの教育をアボリジニ自身が行うための教育的補助を行う」

北部準州教育省★

一九七二年一二月一四日、当時の連邦政府首相ゴフ・ホイットラム（Gough Whitlam）は右の宣言を行い、当時の連邦政府教育相キム・ビーズリー（Kim Beazley）のもと、北部準州にバイリンガル教育制度が設立された。設立当時には、何を維持していくべきかという厳格なガイドラインが設けられていた。維持されるべきものとは、「その地域の言語」であり、各コミュニティは英語以外のそのような教授言語を選択する必要があった。

一九七四年に始まったある地区のプログラムは一、二年で中止されたが、その理由は、後任の校長が、その地区の子どもたちが、彼らの母語であるアボリジニ語ではなく、クリオル語を話していることに気づき、そのことを中央政府に報告したことにある。つまり、設立時の厳格なガイドラインに沿っていないと判断されたためである。

北部準州のバイリンガル教育には、二つの容認された形態がある。

一つは、生徒の母語であるアボリジニ語の学習に重点が置かれたもの。

もう一つは、アボリジニ語の学習の発展を目的としながらも、英語学習に重点が置かれたものであるが、現在では後者の形態を実施している学校は、北部準州にはない。

★Northern Territory Department Education = NTDE 1984

３　「バイリンガル学習」から「ツーウェイ学習プログラム」へ

ところが、一九九八年一二月、北部準州政府および同教育省は、発展成長計画（Planning for Growth）実践の一部として、「バイリンガル教育プログラム」の段階的廃止を決定した。この決定が、あとあとまで大きな混乱をもたらすことになる。

これに対しては、バサースト島（Bathurst Island）のムルプティヤワヌ・カトリック校（*Murrupurtiyawanu* Catholic School）、ワディエ（*Wadeye*）地域のリテンティ・アプート・カトリック校（*Ltyentye Apurte* Catholic School）、聖心校（Our Lady of the Sacred Heart School）の三校では、当時確保していた資金で、これまでのバイリンガル教育を独自に継続することを決めた。

廃止決定と同時に、北部準州における先住民教育についての再検討が行われた。

段階的廃止には、一六校の州立バイリンガル校、およびコミュニティと政府との協議が含まれ、教育省の役人による廃止決定についての説明、各学校、コミュニティとの論議がなされた。

そして学校側は、成果向上のために、次のような提案を行った。

マニングリーダ・コミュニティスクールでの昼食時間、二〇〇八年九月

最初に、英語における「聞く・話す・読む・書く・ビューイング*」（Listening, Speaking, Reading, Writing, Viewing = ESL）、そして識字力**を加えた、六項目の学力向上を図ること。

次に、アボリジニ言語における同じ六項目と、アボリジニ文化にかかわる識字力、基本計算力、出席等についても改善すること。

廃止結果を受けて、二〇〇〇年二月、北部準州教育省は、それ以前のバイリンガル教育プログラムを、ツーウェイ（Two-Way）学習プログラムに変更する決定をした。

実施は以下の一二校。① Areyonga School、② Lajamanu CEC、③ Maningrida CEC、④ Milingimbi CEC、⑤ Numbulwar CEC、⑥ Nyirrpi School、⑦ Papunya School、⑧ Shepherdson College、⑨ Watiyawanu School、⑩ Willowra CEC、⑪ Yirrkala CEC、⑫ Yuendumu CEC

バイリンガル教育も、ツーウェイ学習プログラムも、アボリジニ語と英語の二言語による教育であるが、中には、バイリンガル教育が適切に実施されず、アボリジニ教師によるアボリジニ語のみの授業を行っている学校も存在した。そのため、それまでのバイリンガル教育を改善・発展させる目的で、教師の資格、二言語による授業実施の徹底の監督・確認、そして結果報告の

*ビューイング
「話すこと」、「聞くこと」、「読むこと」、「書くこと」に加えて「見ること」。目的、理解、批評的認識をもって広範囲にわたる視覚的テクストを見る能力。奥泉（二〇〇四）

**識字力=リテラシー
古典的には、書き言葉を正しく読んだり、書いたりできる能力。現在は、読み書き計算を含めた社会的に必要となる基本的能力、ある分野の知識、能力もさし、表現されたものを適切に理解、解釈、分析し、改めて記述、表現する能力もさす。また、言語に限らず、ボディランゲージ、画像、映像等まで含み、発信者の隠そうとしている意図や目的まで、批判的に見抜く力までを含む。

義務等についてより厳しい責務を現場スタッフに課すものとなった。そのため、その条件を満たせず、認定を受けられない学校も出現した。

筆者は、二〇〇八年に、北部準州教育省、ツー・ウェイ学習法元担当官とともに一一校の実施校中、中央オーストラリアのアレヨンガ校とユードゥーム校を訪問し、授業、ミーティングにも参加したが、現場スタッフからは、かなりのプレッシャーがかかっているという報告を受けた。★

4　「ツーウェイ学習プログラム」の現状と問題点

あたらしいツーウェイ学習プログラムとは、ステップ・モデル・プログラムとも名付けられ、元のバイリンガル教育の効果的な要素を組み入れて、英語識字力、基礎計算力、またアボリジニ言語・文化学習におけるより高い学習成果を目的としたものである。プログラム授業での使用言語は英語、アボリジニ語のバイリンガルを基本としている。

プログラムは各学校に対し、その成果について、以前よりはるかに高い責務を負わせるものとなった。結果として、各コミュニティが求めるアボリジニ言語と英語によるツーウェイ学習プログラムが、二〇〇四年度は以下の

★巻末参考文献　濱嶋　二〇〇九

一一の学校で実践された。

① Areyonga School（Pitjantjatjara 語）、② Lajamanu CEC（Warlpiri 語）、③ Maningrida CEC（Burarra 語、Njdebbana 語）、④ Milingimbi CEC（Gupapuyngu 語、他の複数部族語）、⑤ Numbulwar CEC（Wubuy 語）、⑥ Nyirrpi School（Warlpiri 語：現在一時的に中止）、⑦ Papunya School（Luritja 語）、⑧ Shepherdson College（Djambarrapuyngu 語、他の複数部族語）、⑨ Willowra CEC（Warlpiri 語）、⑩ Yirrkala CEC（Dhuwaya 語、他の複数部族語）、⑪ Yuendumu CEC（Warlpiri 語）

5　教育相（北部準州）VS 現場の大論争

ところがとつぜん、二〇〇八年一〇月一四日、遠隔地学校スタッフへの相談がほとんどまったくされないまま、北部準州教育訓練省の教育相ホン・マリオン・スクリムジョール（Hon Marion Scringeour）が、以下のような発表を行った。「バイリンガル教育廃止の意図はないものの、現在施行中のステップ・モデル・プログラムは、自分が構想しているフレームワークに溶け込まない」

そして、これまでの授業の枠組みではなく、午前中の四時間を英語学習にあてるカリキュラムを、強制的に施行しようとしたのである。

ミリンギンビ・コミュニティスクールでのアボリジニ教師による授業、一九九八年八月

このような発言と方針に関して、チャールズ・ダーウィン大学（Charles Darwin University）のブライアン・デヴリン博士（Dr Brian Devlin）は、以下のように反論している。反論の骨子は、バイリンガル教育「廃止」の根拠となるデータがあまりにずさんである、廃止は恣意的な決定で、かえって現場の混乱を招く、といったものである。

具体的な反論。……人々の転任、「教材印刷センター」（Literature Production Centre）スタッフの授業担当への配置換え、教材の方向転換、先住民教員の主流からの排斥など、今回の廃止にあたって実施された数々の強制の影響の大きさを考えると、現在のバイリンガル教育ステップ・モデル・プログラム学習に反対する教育相の根拠の脆弱さを指摘することは重要である、と。

さらに言う。教育相が持ちだした根拠は、全国テスト（NAPLAN : National Assessment Program Literacy and Numeracy）の結果に対する不確実な分析、都合の良い結論に導くための比較を目的としたサンプル校の選択、そして間違った基礎計算結果などにもとづいている。

その後、スクリムジョール教育相は、彼女の政策の基となったデータ・ドキュメントについて説明（釈明）したが、これに対してもデヴリン博士は、北部準州のサンプル校の標準偏差値は他州、首都特別区内の学校よりも高い、と反論する。

二〇〇九年の初め、デヴリン博士は、この教育相のデータ記録が、不完全で都合の良いことのみ選択された、偏見のある誤ったものであることを政治家・政府関係者に進言した。さらに「遠隔地学校への変化を課す政策転換を積極的に始めるための根拠」としては脆弱すぎる、という説明をし、政府高官からは同意を得ることができた。

博士はまた、全国テストの各学校スコアーは、サイトの〝My School〟で比較が可能で、二〇〇八年になされた教育相のいくつかの主張に疑問の余地があることは、誰でも容易に判断できることである、と述べ、以下のように指摘している。

各学校ごとに基礎を置いたこれまでの「ツーウェイ・ステップ・モデル学習プログラム」について、その成績比較に関するずさんで極端な主張が、各地区で、その教育に従事するスタッフやコミュニティを、不利な立場に追いやった。この点こそが、二〇〇八年一〇月以来のこの一連の騒動の重要な点である。

北部準州の教育訓練省にとっての本当の緊急問題は、経費の問題と、遠隔地学校全体を通しての生徒の出席率、および成績平均値を上げることとの複雑さにある。

また、教育相が行ったような主張は、共通の目的を持ち、協力してプログラムに従事することが当然である立場の人々を分裂させてしまう、いわゆるレッドヘリング*（赤イワシ）のようなものである……。

デヴリン博士は、三〇年以上にわたって、北部準州で先住民教師、生徒たちとともに、英語運用能力の向上に深くかかわってきた。そのような経験からの重みのある指摘だった。

博士は言う。しっかりとしたサポートさえあれば立派に遂行されてきている「ツーウェイ・ステップ・モデル学習プログラム」実施校を犠牲にして、午前中の四時間を英語学習にあてるカリキュラムを強制的に施行することは、万人受けする上意下達方式以外のなにものでもない。英語運用能力の平均値を高める目的にはとうてい合わない、と。

博士の指摘の目的は二つ。議会に上程された二〇〇八年度のデータ記録の撤回を、政府に強く求めること。政治家に、「ツーウェイ・ステップ・モデル学習プログラム」を廃止する基となった証拠の再調査を求めること。

彼はまた、全国テストのデータをたんなる平均値として見るのは、測定エラーを考慮することなく各学校の平均値を比較するという、正確さに欠ける考え方であるとも指摘する。そして、具体的な根拠をいくつか示したうえで、教育相に異議を唱えたのである。

＊レッドヘリング　Red Herring　目をそらさせるための偽情報

デヴリン博士が、一九七九年に応用言語学・修士号、またはそれ以上の学位を取得した教師（teacher-linguist）として赴任した当時の生徒の一人、Yananymul Mununggurr は、Yirrkala CEC でのバイリンガル・プログラムに在籍する4/5年生であったが、クラスでは Ngurula 語話者のグループに属し、英語と Ngurula 語の両言語での読み書きができた。彼女は、英語識字力への橋渡しとしてまず、Yolngu Matha 語でのライティングの授業を受けた。現在は、Laynhapuy Homeland 協会の代表であり、Yolngu Matha 語と英語の両言語を正確に駆使することのできるスポークスマンであり、北東アーネムランドの若者の模範でもある。

デヴリン博士は、バイリンガル教育を中傷するよりも、彼女のような技術をもった人物を輩出するほうにエネルギーを集中させるべきと助言をしている。彼によると、二〇〇八年度のバイリンガル・スクールに関するデータは、北部準州政府によるバイリンガル教育ステップ・プログラムを段階的に廃止するという決定を支持するための証拠として、決定前月に、立法府に上程されたものである。その報告書によると、非バイリンガル校とくらべて、バイリンガル校が到達した成績で優れているものは、二〇〇八年度全国識字力および基礎計算力テストの二〇項目中、三項目、つまり、三年生の文法、リーディングと五年生の文法だけであると示されている。

しかし、デヴリン博士は、この主張の正確性について調査をした結果、次のような問題点を指摘した。報告書作成者が、バイリンガル校が、非バイリンガル校と同様、またはそれ以上の成績を収めているいくつかの例、つまり、三年生と七年生の基礎計算力、九年生の文法と同年の句読法を見落としている。さらに一六の学校が選ばれた理由の根拠は薄いと説明、そのうち二つの理由として、まず、Numbulwar 校にはバイリンガル・プログラムがないこと、そして Xavier 校には小学校クラスがなく、全国テストが実施された三学年と四学年には生徒が在籍していない、ということをあげている。

また、Xavier 校の中学校クラスへ入るためのフィーダー校（feeder school）であるMurrupurtiyanuwu 校では、バイリンガル・プログラムがあるため、生徒は小学校クラスでそのプログラムの恩恵を受けていることになる。また、Alekarenge 校のほとんどの生徒は、アボリジニ語ではなく、クリオル語を話しているため Yuendumu ＣＥＣとの類似点は少ないとも述べている。★

以上のように、「ツーウェイ・ステップ・モデル学習プログラム」継続にあたっては、より本質的な課題、つまり、学校および制度じたいにおけるプログラム管理、評価過程、そして、北部準州の政策などのさらなる発展が不可欠であること、が再確認されたわけである。

二〇〇八年度、従来のこのプログラムに代えて、午前中四時間を英語学習にあてるカリキュラムの強制施行を発表した北部準州のスクリムジョール教育相は、同年にその政策を撤回し、辞職した。

6　連邦政府と州政府間の協力という新しい問題

ここで少し焦点はズレるが、こんな話を書いておきたい。

二〇〇八年度、筆者は一〇年来の知人で研究協力者でもあるポール・バブ（Paul Bub）氏の協力で、北部準州の二校を訪問した。氏は、北部準州教育訓

★巻末参考文献　Devlin 2009a

練省の、バイリンガル教育元担当官である。彼が運転する州政府の四輪駆動車に便乗していたとき、これまでとは違った光景に出会って驚いたものである。

連邦政府役人の滞在する宿泊施設が現地に建設されていたり、訪問の出発地となるアリススプリングスのホテルが、連邦政府の予約で一杯になっていたり……。

これはじつは、家庭内暴力、児童虐待（性的を含む）、アルコール問題*などのアボリジニ社会内の問題解決に、二〇〇七年六月、旧ハワード政権がとつぜん介入し、警察、軍隊、役人を全国から送り込んだことによる。

連邦政府の介入は、北部準州という「準州」であったからこそ容易にできたことであり、これが南オーストラリア州などの州政府の場合だったら、このような早急な実施はできなかったといわれている。同年一二月、首相に就任したラッド首相の新政権も、この政策を継承した。

北部準州の言語政策が、政権が変わるごとにたえず大きな影響を受けてきた実態は、右のような事実を見てもおわかりいただけると思う。

＊アルコール問題
アボリジニは体質的にアルコールへの抵抗力に欠ける

７　言語教育は苦しい闘いの連続だった

以下は、Gale, Mary-Anne（2011）による高等教育機関におけるアボリジニ言語教育の現状について記述されたものである。オーストラリアにおける言語政策への努力の成果、現状の問題点、未来への可能性などが示されていると思うので、紹介させていただこう。

アデレードを州都にもつ南オーストラリア州内の学校では、植民地時代の初期より、アボリジニ諸語が教えられてきた。

二〇〇九年の統計では、州内の公立学校の六％の学校で、アボリジニ諸語プログラムが提供され、それらは、認識（Awareness）プログラムとしてのウィラング（*Wirangu*）語、再生（Reclamation）プログラムとしてのガーナ（*Kaurna*）語とナルンガ（*Narungga*）語、更新（Renewal）プログラムとしてのヌガリンジェリ（*Ngarrindjeri*）語、復興（Revitalisation）プログラムとしてのアンティキリニャ（*Antikirinya*）語、アラバナ（*Arabana*）語、アドニャマサンダ（*Adnyamathanha*）語、そして、ピッチャンチャチャラ語とヤンクンチャチャラ語による第一言語プログラム、第二言語プログラムをも含む、広い範囲に及ぶものである。

そして、これらのアボリジニ諸語は、五四地区の五二校の公立学校と、二校の就学前学校で教えられ、その学習者は四〇六四人であった。二〇〇九年度の学習者数をあらわすこの数字は、すばらしい印象を与えるかもしれないが、それに至るまでの現場の教育に携わるものたちの毎日は、これらのプログラムを継続していく困難との苦しい闘いの連続であった。

困難のもっとも大きな原因の一つは、教員不足である。この問題を軽減するために、さまざまな学校での非公式な教師養成プログラムが実施されたが、いずれもが認定されたワークショップによるものではなかった。

そのなかで徐々に、成人であるアボリジニの生徒みずからが、言語を学習したり教えたりすることへの興味を増していった。

彼らは、ワークショップ・トレーニングでの公的な承認を求めるようになった。そして、二〇〇七年には、アデレード大学が一六名の熱心なヌガリンジェリ語を学ぶアボリジニ成人生徒に公的なトレーニングを行う認可を得て、マレー・ブリッジ（Murray Bridge）技術職業専門教育学校（TAFE）においてトレーニングが開始された。

アデレード大学のスタッフは、学生が履修するためのTAFEにおける単位を見つけるのに苦労したが、入門職業教育（IVEC）*での「南オーストラリア州認可証I」に含まれる選択科目に「アボリジニ語（Aboriginal Language）」を設定し、同二〇〇七年には、さきの一六名の学生が、ヌガリンジェリ語に

＊IVEC
Introductory Vocational Education

おけるＩＶＥＣＩの認可証を取得している。

コミュニティ内のみずからの言語への関心が増すにつれて、とくにヌガリンジェリ部族の人たちの、公式なトレーニングへの要求も強くなった。長老や若者たちの個人的、専門的な必要性から始まり、純粋に自らの言語についてさらに学びたいという興味を満たすため、という幅広い動機があった。

アドニャマサンダ語は、ポート・アデレードの独立したアボリジニ教育組織であるタウンディ・アボリジナル・カレッジ（Tauondi Aboriginal College ＴＡＦＥのひとつ）で教えられているが、これは正式な単位にはならない。また現在、正式な成人への唯一の言語教育を受講するには、各語学学校の夜間に開講されている Year 11、Year 12に登録することが必要である。だが、現在提供されている言語は、ガーナ語とピッチャンチャチャラ語のみである。

しかし、教授免状取得を目的としたコースは現在、次のような段階に達している。

二〇一〇年には、「死滅の危機にあるアボリジニ言語学習修了」を認定する「認可証（Certificate）Ⅲ」と同言語教授を認定する「認可証Ⅳ」が、国立訓練情報機関（ＮＴＩＳ）*のウェブサイト上で公表され、さらに新しい「認可証Ⅲ、Ⅳ」コースは、死滅の危機にある言語と同様に「強く維持されている言語」にも適応されるようになった。

＊ＮＴＩＳ　National Training Information Service

8　収入安定が保障される、少数言語教育の可能性

そのようなコースを提供するTAFEの一つ、タウンディ・アボリジナル・カレッジの文化指導員、ジャック・バックスキン（Jack Buckskin）氏によると、★二〇一五年現在「認可証Ⅲ」のコースを受講している学生は八名。やがて彼らはⅣに進む予定であるが、ガーナ語教授免状を取得するための課程を修了するには、学校での一〇〇時間の教育実習が必要とされている。

最近は、とくに若者の間でガーナ語学習熱が高まってきている。それは、かならずしも自身のアイデンティティのためだけではなく、生活手段としての職業になりうるからである。

現在アデレード市内の多くの学校では、ガーナ語の教師は絶対的に不足しているのが現状である。さらに、これは二二年前、ほかのアボリジニTAFEでアボリジニ講師にインタビューを行ったときにも確認されたことであるが、こうした教育を受けた人たちの中から、当時のその講師や、現在のバックスキン氏のような、模範となりうるアボリジニが一人でも多く出現することが、早急に必要とされている。

二二年前のインタビューに答えてくれた講師の話。

★二〇一五年三月の調査時、インタビュー予定者の一人であったアデレード大学、ガーナ語非常勤講師のバックスキン氏は、不安定な収入のために大学を去り、ガーナ・ワラ・ピンチャチ（*Kaurna Warra Pintyathi* = KWP）からも脱会。アボリジニ文化指導員としてタウンディ・アボリジナル・カレッジに就職したため、会うことができなかったのであるが、同年九月の訪問時には、就職先のカレッジで、彼から聞き取り調査の協力を得ることができた

自分がアボリジニであることに誇りをもつようになるまでには、長い年月がかかったこと。

多くのアボリジニが、貧困、犯罪、アルコール依存症といった負のサイクルから抜け出せずにいるのを、目の当たりにしてきたこと。

自分の子どもたちがアボリジニであるがゆえ、身の回りに起こった不条理なことについては、自分の経験から相談にのってやれること。

また、じっさいに教壇に立つ身として、自分も小学校時代に問題を解くのに時間がかかった経験から、相談にやってくる学生たちに「あなたは劣っているのではなく、人より少し遅いだけだ」と説明してやれること。

さらに、子どものころから白人といっしょに学ぶアボリジニに植え付けられたコンプレックス、ドロップ・アウトする原因にもなる劣等感をもつことからも救ってやれること、など。

二二年前の当時とくらべ、状態は格段に改善されている。にもかかわらず、二〇一五年のインタビューでバックスキン氏は、識字力、計算力の低さから、「非アボリジニといっしょに学ぶアボリジニ」が劣等感をもつ傾向があり、これを克服させるためにさまざまな努力をしていること、彼らを説得するためには模範となるアボリジニの存在が必要である、などの点をあらためて強調している。

母語であるアボリジニ言語を教えることが、職業につながる。

また、アボリジニが抱えるさまざまな問題の改善の一つにもなる。

こうしたことからも、たんに生徒の学習補助だけでなく、教授技術の発展援助や、アボリジニ教師養成の維持、さらなる充実が不可欠であろう。

9 言語政策、その成功と不成功のポイント

この章の最後に、言語政策の成功・不成功のポイントをあげておく。

ヤマモトは、少数言語を維持、促進させるための要素として、以下の九つを提案している。★

①多数派文化内で言語の多様性の存在が、有利に機能すること
②少数派コミュニティ内の、強いエスニック・アイデンティティ感の存在
③少数派言語・文化のための、教育的プログラム促進
④バイリンガル／バイカルチュラルのスクールプログラム創設
⑤少数言語スピーカーの教師育成
⑥全体的なスピーチ・コミュニティの参加
⑦使用が容易な言語教材の作成

★巻末参考文献 Yamamoto 1998

⑧少数言語で書かれた新旧作品の発展
⑨少数言語使用が必須である環境創設とその強化

また、政権が変わるごとにたえず多大の影響を受ける少数民族の言語復興、および健全な維持にとって効果的な策として、デヴィッド・クリスタルは、以下の項目をあげている。★

①主流派社会内における少数言語スピーカーの威厳、豊かさ
②主流派の見地からの、少数言語スピーカーとしての真正なパワー
③教育システム内での強い存在感
④ＩＴ技術の活用

このクリスタルの提言に対し、マイケル・ウォルシュは指摘する。★★
これらのほとんどは、たぶん願わしいことではあるが、成功のためにかならずしも必要なことでもない。じっさい、オーストラリアのアボリジニ社会では達成不可能なものもあると。
また彼は、オーストラリアにおける成功例として、ニュー・サウス・ウエールズ州、ボーラヴィル（Bowraville）のセント・メアリー小学校（St Mary's Primary School）の事例研究を紹介し、その成功の原因として以下の項目をあげる。
①適切な教育を受けた教師派遣などの、プログラムの充実＊（ムーアベイ・

★巻末参考文献　Crystal 2000

★★巻末参考文献　Walsh 2010

＊ムーアベイ・アボリジニ言語文化共同研究所
Muuurbay Aboriginal Language & Culture Cooperative

アボリジニ言語文化共同研究所からの）。

②その地方の伝統言語のプログラムが、学校内の社会的公平さという状況内でうまく調和していたこと、とくにその言語（*Gumbaynggirr* 語）プログラムを成功に導いたのは、多くの生徒、家族であるが、その彼らが経験していた貧困、非力さのサイクルを断ち切るため、大いに貢献した校長の先見性、努力、任務遂行力。

③プログラムを成功させるために必要な構成要素の正しい理解、たとえば、教師不足の訴えに対する ムーアベイ・アボリジニ言語文化共同研究所による、たんに生徒の学習補助だけにとどまらない、教授技術の進歩発展への援助。

ここまで述べてきたアボリジニ（その他）の先住民族語の問題は、きわめて尖鋭な形でそれぞれの言葉がかかえる厳しい状況を映し出している。これはもちろん、たんにマイナーな言語のみの問題ではなく、世界のメジャー言語についても多かれ少なかれ提起され、直面している難問だと思われる。

おわりに　アボリジニは日本を映す鏡

この原稿を書き終える直前に、「はじめに」でも紹介したアデレードの元刑事の友人から、こんな知らせが入った。

エリザベス女王や、オバマ前大統領の前でも歌を披露し、スティービー・ワンダー、ビヨーク、ローリング・ストーンズ、エルトン・ジョン、スティングなどからも絶賛されていた、盲目のアボリジニ歌手、*ジェフリィ・グルムル・ユヌピングが、今年（二〇一七）七月二五日に、王立ダーウィン病院で亡くなったという。

アーネムランド北東、エルコ島出身のユヌピングは、シドニー・オリンピックの閉会式で演奏したアボリジニ・バンド、ヨス・インディ（*Yothu Yindi*）の元メンバーでもあり、ヨルング（*Yolung*）語による彼の歌詞は理解できなくても、その余情に満ちた澄み切った声に、世界中の人が魅せられた。二〇一五年には初来日を果たし、日本の聴衆にもその「奇跡の声」を披露した。

長年患ってきた腎臓病による、享年四六という、あまりにも早すぎるオーストラリアの至宝の喪失であった。ここに深く哀悼の意を表したい。

*ジェフリィ・グルムル・ユヌピング
Dr. Geoffrey Gurrumuru Yunupingu

ＩＴ技術とともに

アボリジニの文化指導員バックスキン氏は、こう指摘する。非アボリジニの人たちとともに学ぶガーナ語のクラスにアボリジニが少ない理由として考えられるのは、アボリジニの識字力、計算力のレベルの低さからくる学習速度の遅さである。アボリジニの言語であるガーナ語の学習で、非アボリジニの学習者に後れをとり、自信喪失するのである。

彼らは、非アボリジニ学習者たちよりも、自分たちの言語について、より知識が豊富で授業もより早く理解できることを示したいのだが、現実は反対で、つねに後れをとってしまう。じっさい、バックスキン氏の夜間コースでは、開始年度に六人だった生徒の数が増え続け、四年後には在籍者が二七人になったが、そのほとんどが非アボリジニだったという。

こうした問題は、二二年前にインタビューを行った、南オーストラリア州教育省のグレッグ・ウィルソン氏も、すでに指摘していたことである。

そのような理由から、バックスキン氏は、YouTubeでのガーナ語・文化紹介に取り組むことにした。アボリジニにかぎらず、そのサイトへのアクセスは、今では誰でもが可能となっている。

こうして現在、ＩＴ技術の利用は大きな成果をあげているが、そのうちの一つに、クイーンズランド州の南にあるブリスベン、ビーンレイ（Beenleigh）のユガンベ（Yugambeh）博物館、言語・文化遺産研究センターの The Yugambeh App をあげておく。クイーンズランドで最初に開発され、二〇一三年に公表された「アボリジニ語のアプリ」★である。

アプリに入っている約一〇〇〇の語、語句に加え、さらに最近は八つの言語が追加されたという。これは、オンライン、テレビの範囲にまで拡大される予定で、多くの人が家庭で、好きなときにアボリジニ諸語を学ぶことができるようになる。

最後に、世界を見わたしてみよう。

スタイルス（Stiles 1997）は、「先住民語復活プログラム」の成功例として、次のようなケースをあげる。

カナダ・ケベック州の、先住民クリー（Cree）族言語復興プログラム

アメリカ・アリゾナ州の先住民ワラパイ（Hualapai）族言語復興プログラム

ニュージーランドの、マオリ語復興プログラム「テ・コハンガ・レオ（Te Kohanga Reo＝言語の巣）」

それを模範として始められた、ハワイ先住民語復興プログラム「プナナ・レオ（Punana Leo＝言語の巣）」

の四つである。

★ ローガン（Logan）川からサウス・ストラッドブローク島（South Stradbroke Island）を含むツイード（Tweed）川との間の、クイーンズランド南東部に住むユガンベ族の男性、ジョン・アレン・ブルム（John Allen Bulumm）によって収集された（State Library Website: http://blogs.slg.qld.gov.au/jol/2013/05/16/yugambeh-languag）

スタイルスはまた、この選択の理由として、

①すでにそれぞれの言語が、家庭やコミュニティ内の若者には伝えられていなかった

②それぞれのプログラムには、プログラムの発展、コミュニティからのサポート、親の参加、政府からの援助がある

③それぞれ異なる国に存在している

④死滅危機の状況にある言語復興プログラムの模範となっている

といった四つの特徴をあげている。

さらに、これらの成功例には、あいかわらず教師不足、教師トレーニングや教材不足、資金不足などの共通する問題がいろいろ存在するものの、落第(中退)者数の減少、伝統・アイデンティティ感の強化、公用語(英語・フランス語)を含む他教科の成績向上などが、共通の成果としてみられると述べている。

日本にも同じ問題が起こっている……

日本の状況は、どうだろう。

二〇一六年三月、内閣官房・アイヌ総合政策室による、全国で初めて実施

アボリジニ・アートセンター、アリススプリングス

されたアイヌに対する理解度についての意識調査の結果が発表された。

それによると、七二・一％のアイヌの人が「差別、偏見がある」、そして一九・二％の人が「ない」と回答している。これに対して、日本人への同様の調査では、五〇・七％の人が「ない」、一七・九％の人が「ある」という回答であった。

このようなアイヌの人との間の意識の差から、アイヌ総合政策室は、「アイヌ民族との共生社会実現」に向けて学校教育での取り組みを充実させる、などの啓発活動が必要だと指摘している。

さらに、差別、偏見があると答えた人に、原因や背景を尋ねると、「アイヌの歴史に関する理解の不十分さ」という理由に、アイヌの人々の七八・〇％が、日本人全体の六五・〇％の人が賛同している。

二〇一五年一一月八日の中日新聞（朝刊）には、北海道・千歳空港に掲げられていたプロ野球・北海道日本ハムファイターズの、巨大バナー広告に関する記事が掲載されていた。

その「北海道は、開拓者の大地だ」との表現に対して、アイヌ民族の最大組織「北海道アイヌ協会」側から、先住民の権利を害し、遺憾であり、配慮を求める文書を提出する予定だというのである。

同じ中日新聞には、翌日の一一月九日（朝刊）号に、日本ハムファイターズ側が、配慮に欠けていたことを認めて謝罪し、巨大バナー広告を撤去するという記事が記載された。

単純に、オーストラリアにおける先住民の土地権利問題と比較することは妥当でないにしても、世界中で共生の必要性が強調されているこの時代に、しかも北海道という地域性から見ても、配慮のない基本的な知識・理解不足であると言えるであろう。

内閣官房・アイヌ総合政策室の指摘にもあるように、「アイヌ民族との共生社会実現」に向けての、学校教育での取り組みの充実が早急に必要である。

信じるもののために立つ場所

二〇一七年七月一九日、中日新聞の夕刊に、こんな記事が出た。成城大学准教授、山本敦久氏の執筆によるものである。

約五〇年前の一九六八年、メキシコ・オリンピックでの出来事である。陸上二〇〇メートルの表彰式で、金、銅メダリストのアメリカの二人の黒人、スミスとカーロスが、星条旗を見上げず、うつむいたまま裸足で表彰台に上がり、皮手袋をはめた拳を突き上げた。裸足は、南部の黒人の子どもたちの貧しさを表現するため、ビーズのネックレスは、リンチで縛り首になった人、そして黒いスカーフは、奴隷船から投げ出され、サメの餌食になった人を思うためだった。

しかし、このとき銀メダルを獲得したピーター・ノーマン（オーストラリア人）は、「人権を求めるオリンピック・プロジェクト」のバッジをもらい、左胸に着けて表彰台に立ったのだ。ＩＯＣは、スミス、カーロスとともに、ノーマンのこの行動も批判した。

帰国後、ノーマンはひどいバッシングにあった。四年後のミュンヘン・オリンピック代表には、トップ・ランナーでありながら選ばれなかった。彼の記録は、今でもオーストラリア記録であるという。

山本氏も指摘しているように、現在なら国の誇りとも言えるこの行為が当時の母国ではたたかれ、ノーマンは酒に溺れて家庭も崩壊し、二〇〇六年、六四歳で亡くなった。そのときも、ほとんどニュースにもならなかったという。しかし、彼の葬儀で棺を担ぐ人の中に、アメリカから駆け付けたあのスミスとカーロスがいたのだ。

二〇〇五年、スミスとカーロスの出身大学に、表彰台で拳を突き上げる二人の像が建った。しかし、ノーマンの像はそこにはなかった。抗議したスミスとカーロスに、当のノーマンはこう言ったという。

「誰もがこの場所にのぼって、そこで自分たちが信じるもののために立つことができるのだ。」

そのためにこそ、二位の場所はあけておくべきである、と。

ノーマンが亡くなる一年前のことである。

先住民問題において、失敗、成功を含め、多くの取り組みを実践してきたオーストラリアの政策から、われわれ日本人も学ぶことは多いと思われる。

本書は、「アボリジニの学校で①〜⑥」『英語教育二〇一三年一〇月号〜二〇一四年三月号』（大修館書店）連載の論考などを基に、大幅に加筆修正したものである。

【注】

1 Blake (1991) によると、たとえばアボリジニ諸語では、語の最初に〝h〟音がくることがほとんどない。〝he〟は /iː/ と発音され、she の意味としても、it の意味としても使用される。さらに、kill は、hit と kill の両方の意味がある。〝Sili baga i bin kilim dog.〟の sili は、silly、baga は、swearword の bugger ではなく person である。he が語源の i は、文の主語が三人称のときに主語に並列して使用され、bin は、過去時制を表し、kil の接尾辞、-im は、他動詞を表す。標準英語に訳してみると、〝The silly fellow hit/killed the dog.〟となる。1)（濱嶋二〇一二③）

2 このような英語の変種とアボリジニの伝統言語のコード切り替えに関しては、Stephen Harris (1982) が次のように述べている。

（a）アボリジニ・コミュニティ内では一般的である。

（b）二言語間の文化の相違がより大きいほど起こりやすい。

（c）主に社会的意味を伝える時に使用される。

（d）伝統言語と英語または Kriol 間で起こるコード切り替えは、伝統言語とその変種間で起こるものと同様の社会的意味をもつ。

【主要参考文献】

Australian Curriculum, Assessment and Reporting Authority: ACARA. (2015) National Report on Schooling in Australia 2015. Available from https://www.acara.edu.au/reporting/national-report-on-schooling-in-Australia-2015.

Amery, Rob. (2014) Reclaiming the Kaurna language: a long and lasting collaboration in an urban setting. *Language Documentation & Conservation Vol.* 8, pp. 409–429

Amery, Rob. (2010) Monitoring the use of Kaurna. In Hobson J., Lowe K., Poetsh S. & Walsh M. eds., *RE-AWEKENING LANGUAGES: Theory and practice in the revitalization of Australia's Indigenous languages*, Sydney: Sydney University Press

Blake, Barry J. (1991) *Australian Aboriginal Languages: A General Introduction Second Edition*. Brisbane: University of Queensland Press

Crystal, David. (2000) *Language death*. Cambridge: Cambridge University Press

Dawkins, John. (1991) *Australia's Language: The Australian Language and Literacy Policy*. Canberra: Australian Government Publishing Service

Devlin, Brian. (2009a) A critique of recent government claims about the comparative performance of bilingual and non-bilingual schools in the Northern Territory. Ms.

Devlin, Brian. (2009b) Bilingual education in the Northern Territory and continuing debate over its effectiveness and value. Paper presented to an AIATSIS Research Symposium, "Bilingual Education in the Northern Territory: Principles, policy and practice", Visions Theatre, National Museum of Australia, Canberra, on Friday June 26, 2009. Available from the AITSIS web site.

Ford, Kevin and Ober, Dana. (1991) A sketch of Kalaw Kawaw Ya. In Suzanne Romaine, *Language in Australia*. Cambridge: Cambridge University Press

Gale, Mary-Anne. (2011) Rekindling warn embers: Teaching aboriginal languages in the tertiary sector. *Australian Review of Applied Linguistics*, 2011: 34(3): 280–296

濱嶋聡（二〇一七）①コラム「オーストラリアにおける少数民族言語教育の成功と不成功」杉野俊子監

修『言語と教育』明石書店、東京、pp. 98–101

濱嶋聡（二〇一七）②「クィーンズランド州ヨーク岬における言語復活と意義」『名古屋外国語大学現代国際学部紀要』第一三号　pp. 17–37

濱嶋聡（二〇一六）「南オーストラリアにおけるガーナ（Kaurna）語復興・維持の意義」『名古屋外国語大学現代国際学部紀要』第一二号　pp. 27–49

濱嶋聡（二〇一五）第一七章「オーストラリア」大谷泰照編『国際的に見た外国語教員養成』東信堂、東京、pp. 245–255

濱嶋聡（二〇一四）①「アボリジニであること」『英語教育』三月号　大修館書店、東京、pp. 60–61

濱嶋聡（二〇一四）②「隠れた歴史—日本との関係」『英語教育』二月号　大修館書店、東京、pp. 60–61

濱嶋聡（二〇一四）③「伝統言語維持の試み⑵」『英語教育』一月号　大修館書店、東京、pp. 60–61

濱嶋聡（二〇一三）①「アボリジニ学校におけるバイリンガル教育」日本言語政策学会『言語政策』第九号　pp. 149–160

濱嶋聡（二〇一三）②「伝統言語維持の試み⑴」『英語教育』一二月号　大修館書店、東京、pp. 60–61

濱嶋聡（二〇一三）③「共有—分配と親族関係」『英語教育』一一月号　大修館書店、東京、pp. 60–61

濱嶋聡（二〇一三）④「言語政策研究事始め」『英語教育』一〇月号　大修館書店、東京、pp. 60–61

濱嶋聡（二〇一二）Indigenous Language Policy in Australia,『名古屋外国語大学現代国際学部紀要』第八号　pp. 71–80

濱嶋聡（二〇一一）Literacy Development of Aboriginal Students,『名古屋外国語大学現代国際学部紀要』第七号　pp. 119–128

濱嶋聡（二〇〇九）「アボリジニ学校におけるバイリンガル教育—アボリジニ社会のテーマと新たな問題—」吉村耕治編『現代の東西文化交流の行方Ⅱ—文化的葛藤を緩和する双方向思考』、大阪教育図書、大阪、pp. 407–412

濱嶋聡（二〇〇四）「オーストラリア英語」pp. 129–132、「ニュージーランド英語」pp. 752–755、小西友七編『現代英語語法辞典』三省堂、東京

濱嶋聡（二〇〇四）第二編　第二部　第九章「オーストラリア」大谷泰照他編『世界の外国語教育・日

本の外国語教育の再構築に向けて』東信堂、東京、pp. 447–466
濱嶋聡（二〇〇二）「少数民族語の維持と復興—オーストラリア・アボリジニのバイリンガル教育をめぐって—」河合利光編『オセアニアの現在—持続と変容の民俗誌』人文書院、京都、pp. 210–230
濱嶋聡（二〇〇一）「ニュージーランド英語」小西友七、南出康世編『ジーニアス英和大辞典』大修館書店、東京
濱嶋聡（一九九七）「オーストラリアにおけるバイリンガル教育—アボリジニ学校の場合—」
大阪大学言語と文化の対話刊行会編『言語と文化の対話』、英宝社、東京、pp. 141–151
Harris, S. (1990) *Two-Way: Aboriginal Schooling, Education and Cultural Survival*. Canberra: Aboriginal Studies Press
Human Rights and Equal Opportunity Commission. (1997) *Bringing them home: National Inquiry into the Separation of Aboriginal and Torres Strait Islander Children from Their Families*. Sydney: Sterling Press
石川栄吉他監修（一九九〇）『オセアニアを知る事典』平凡社、東京
京都新聞二〇一〇年一〇月一四日朝刊、二〇一四年二月七日朝刊
NICHIGO PRESS 二〇〇〇年一一月号
大橋久利（一九九〇）「オーストラリア・アボリジニの研究—環太平洋の一角での少数民族問題—」『東京成徳短期大学紀要』第二三号　pp. 41–55
奥泉香（二〇〇四）「メディア教育を支える「見ること（Viewing）」領域の構造と系統性—西オーストラリア州の場合—」『千葉敬愛短期大学紀要』第二六号　pp. 65–95
シンプソン・コリン著／竹下美保子訳（一九七三）『今日に生きる原始人・オーストラリア原住民』サイマル出版会、東京
Schmider Joann & Patrie Ian (1989) *The AUSTRALIA TODAY Series: The Torres Strait Islanders*. Alstonville: Visual Media PTY.LTD.
Schmidt, Annette. (1990) *The Loss of Aboriginal Language Heritage*. Canberra :Aboriginal Studies Press
Shnukal, Anna. (1992) *Broken: An Introduction to the Creole Language of Torres Strait*. Canberra :Australian National University
中日新聞二〇一二年八月一六日朝刊、二〇一五年一一月八日朝刊、二〇一五年一一月九日朝刊

Walsh, Michael & Yallop, Colin (Eds). (1993) *Language and Culture in Aboriginal Australia,* Canberra: Aboriginal Studies Press

Walsh, Michael. (2010) Why language revitalization sometimes works. In Hobson J., Lowe K., Poetsch, S . and Walsh, M. (Eds). *RE-AWAKENING LANGUAGES Theory and practice in the revitalization of Australia's Indigenous languages,* Sydney: Sydney University Press

Yamamoto, Akira. (1998) Linguists and endangered language communities: issues and approaches. In Matsumura K. (Ed). Studies in endangered languages. International Clearing House for Endangered Languages, Linguistic Studies 1: 231–252

著者プロフィール

はましまさとし　濱嶋 聡

名古屋外国語大学世界共生学部・世界共生学科教授

大学英語模擬国連 (Japan University English Model United Nations) Faculty Adviser（2016）

外務省セミナー名古屋地区実行委員

州立クイーンズランド工科大学（Queensland University of Technology）
　大学院文化言語研究科 TESOL コース交換教授（2000年）

大阪大学大学院言語文化研究科博士前期課程修了（言語文化学修士）

州立マコリー大学大学院社会・歴史・言語学部、応用言語学コース
　（Macquarie University, Department of Society, History, Linguistics, Applied Linguistics Course）修了
　（Master of Applied Linguistics）

京都大学大学院・人間環境学研究科・共生人間学専攻・博士後期課程単位取得後退学

アボリジニであること

名古屋外大ワークス……NUFS WORKS 3

2017年10月15日　初版第１刷発行
2022年９月１日　初版第６刷発行

著者　濱嶋《はましま》　聡《さとし》

発行者　亀山郁夫

発行所　名古屋外国語大学出版会
470-0197　愛知県日進市岩崎町竹ノ山57番地
電話　0561-74-1111（代表）
https://nufs-up.jp

カバーデザイン・ブックレット基本デザイン　大竹左紀斗
本文デザイン・組版・印刷・製本　株式会社荒川印刷

ISBN 978-4-908523-08-3

名古屋外大ワークス……NUFS WORKS

発刊にあたって「深く豊かな生き方のために」

今ほど「知」の求められる時代はあるまい。これから学ぼうとする若者や、社会に出て活躍する人々はもちろん、より良く生き、深く豊かに生を味わうためにも、「知」はぜったいに欠かせないものだ。考える力は考えることからしか生まれないように、考えることをやめた人間は「知」を失い、ただ時代に流されて生きることになる。ここに生まれたブックレットのシリーズは、グローバルな人間の育成をめざす名古屋外国語大学の英知を結集し、わかりやすく、遠くまでとどく、考える力にあふれた「知」を伝えるためにつくられた。若いフレキシブルな研究から、教育者としての到達点、そして歴史を掘りぬく鋭い視点まで、さまざまなかたちの「知」が展開される。まさに、東と西の、北と南の、そして過去と未来の、新しい交差点となる。さあ、ここに立ってみよう！

名古屋外国語大学出版会